青弓社
102
ライブラリー

多様な子どもの近代

稼ぐ・貰われる・消費する年少者たち

元森絵里子／高橋靖幸／
土屋 敦／貞包英之

青弓社

多様な子どもの近代

稼ぐ・貰われる・消費する年少者たち

目次

第2章 貰い子たちのゆくえ――昭和戦前期の児童虐待問題にみる子どもの保護の接合と分散 高橋靖幸 85

第4章　消費する年少者と家族の戦略
――「活動写真」から「映画」へ

貞包英之

カバー写真――毎日新聞社提供
装丁――Malpu Design［清水良洋］

凡例

［1］史料の引用文の旧字体の漢字は新字体に改めた。また、カタカナは平仮名に適宜直し、仮名遣いは原文のとおりにした。

［2］引用にあたっては、現代からみて差別的な表現や不適切な表現も、資料・史料としての正確性を期すために原則としてそのまま記している。

［3］引用文で、原文を中略した箇所は（略）としている。また、引用文中の著者による注記は〔○○：引用者注〕と表記している。

［4］引用文中の（　）は原文のままである。

はじめに――二〇二〇年代初頭の光景から

元森絵里子

東京オリンピックに湧くはずだった二〇二〇年は、前年末には誰も予想しなかった新型コロナウイルス感染症問題への対応に明け暮れた。そこで当初クローズアップされたものの一つが、「子ども」だった。感染が拡大しつつあった二月二十七日、政府は唐突に全国の小・中・高校に三月二日から春休みまでの臨時休校要請を出した。子どもたちを感染リスクから守り、クラスター（感染者集団）発生を予防するという説明の裏に、政府の介入が難しい大人の経済活動とは違って、学校の場合は政府の要請で容易に活動を停止できるという事情があったようにも思われた。

しかし、休校になると親が就労できないという批判が即座に起こって混乱する。また、学習だけでなく社会性を養ったり遊んだりする権利と機会を奪うことの問題性が指摘された。さらに、子どもたちを家庭に閉じ込めることで、虐待リスクが高まるとか、学習面や栄養面で家庭の経済格差の影響をより直接的に受けるという問題が徐々に指摘されていき、様々な支援団体が動いた。比較的早期に子どもの重症化リスクが低いことが明らかになっていったこともあり、混乱は尾を引いた。

後追いで四月七日に緊急事態宣言が出され、大人の社会活動も大幅に制限されたのち、宣言解除後、子どもたちは夏休み返上で学校に通うことになる。二〇二一年一月七日からの一部都府県の緊急事態宣言の際には、政府は子どもの学校は休校にしないと宣言し、各学校段階の入学試験も、多くの場合は感染対策に留意しながら決行された。子どもの生活と教育を保障することが重要だと考えられているからとも、逆に、子どもがいる世帯のほうが少ないなか、大人の経済活動や医療体制に比べて子どもは大した問題ではないと考えられているからとも解釈できる事態が進行した。

このような一連の騒動は、「子ども」をめぐる私たちの常識と社会の仕組みのもろさと強固さを、それが社会の局所の問題にすぎないことも含めて示したように思われる。

「子ども」とは、発達途上で、脆弱で、家庭で守られ愛され、学校で将来に備え、労働せず、遊び、たばこや酒はたしなまず、性的な行為には関与しない――。しかるべき期間ののちに大人になり、判断力と社会性を身につけ、就労し、様々な権利を行使し、家族を作り、やがて子どもを育てていく――。社会の宝、未来の国民――。親が子どもの世話をするのは当たり前で、児童虐待や子どもの貧困は社会問題である――。過保護や過剰な教育はよくないが、子どもの教育は放棄してはならない――。

このような一連の子ども観(さらには大人観)は、二十一世紀のいまもそれなりに広く行き渡っている。よく考えれば、現実には、酒が苦手な大人や、一生結婚や子育てを経験しない大人もいる。現実問題として、家庭が安心できる場ではない子どもや、様々な理由で学校に行けない子どももいる。生物学的に生殖が可能になる時点と、現代日本で社会経済的に自立する時点は一致していないし、民法改正で二〇二二年から成人年齢を十八歳に引き下げる一方で飲酒・喫煙可能年齢は二十歳に据え置くなど、法的にも子どもと大人を区切る線は一つではない。さらに、子どもかどうかが重要でない分野や、年少者を別の観点でみる人々もいる。このような多様な実態があるにもかかわらず、私たちは、「子ども」とは、「大人」とはこうあるべきだと曖昧に共有し、子どもらしくない子どもや大人らしくない大人を批判的にみたり、そのような人々を生み出す親や教師や社会状況を問題視したりする。

社会学的な言い方をすれば、「子ども」とは一つの社会的なカテゴリーである。現実には多様な人間がいるにもかかわらず、私たちはその人々を「子ども」「大人」「女」「男」「日本人」「外国人」などの社会的カテゴリーに分類する。そして、このようなカテゴリーには必ずしも一つに収斂するとはかぎらないような様々な定義がつきまとい、人を判断したり、その処遇のあり方を決めたりする基準（規範）とされる。そして、ときには、その定義から外れる人々を「逸脱」「問題」として批判・非難する効果を生み出すこともある。しかし、社会的カテゴリーは単なる観念だというわけではなく、生物学的要素と結び付いていたり制度と支え合っていたりして、実体的なものとして社会に根を張っている。「子ども」というカテゴリーも、生物学的な未熟さや脆弱性のほか、家族や学校、保健医療といった制度と支え合っていて、コロナ禍の休校をめぐる混乱が可視化したように、その一部に急激な変更を加えると大混乱が生じる程度に、この社会に根づいている。

社会学では、このような社会的カテゴリーとしての「子ども」を取り巻く先ほど示したような多様な定義は、普遍的なものなどではなく、近代になって歴史的、社会的に構築されたとみるのが定説になっている。重要なきっかけは、フィリップ・アリエス『〈子供〉の誕生』[1]である。アリエスは、「子ども」を保護し教育すべきもの(アリエスの言葉では「可愛がり」と「激昂」)と見なす、いまでは当たり前に思える感覚は、そのための制度である学校や近代家族とも支え合って、十三世紀から十八世紀にかけて徐々に形成されてきたと述べて世界的な注目を集めた。その知見は、「誕生」という邦題のインパクトもあって日本でも受け入れられ、[2]いまや高校の歴史教科書にも記載されている程度には常識になっている。

ただ、いまにつながる子ども観や子どもの処遇が近代になって誕生した(構築された)という知見が、その後の現代に至る子どもと社会の歴史をどうみることにつながるのかについては、まだ合意がとれていないように思われる。「子ども」という社会的カテゴリーにつきまとう常識が歴史的・社会的構築物だという視点を突き詰めれば、いつの時代も様々な場所や分野で様々な子ども観が構築されているという相対主義的な見方にも行き着きかねない。しかし、アリエスの問題提起は、むしろ、近代になって誕生した子ども観と子どもの処遇が浸透して社会を覆い、二十世紀後半にはあたかも普遍的とみえるまでになっているという歴史観を含んでいる。実際、アリエスの指摘がインパクトをもったという事実こそが、そこで「誕生」したとされる子ども観を、多くの人が自明で普遍的なものであるかのように捉えていたということを意味しているだろう。

だが、近代に「誕生」した子ども観が、そのように一枚岩で全域的に行き渡ったとみるのは妥当だろうか。アリエスの議論が、学校教育制度の変化や都市部の上・中流層で生じた家族の変化から説き起こしているように、「誕生」は、ナショナルレベルの制度変化と連動している一方で、地域的にも階層的にも限られた層から生じたものでもあったはずである。そこには、近代的諸制度に由来する画一性と、階層や文化の差異にも由来する多様性とが密接に絡まっていたはずである。「誕生」というテーゼとそれに付随する「浸透」図式がみえなくしているのは、この近代性と多様性の関係性である。

確かに、戦後の福祉国家と経済成長を経て、世界的に、近代的な子ども観と子どもの処遇が地域的にも階層的にも広く行き渡った。先進国では、家族がいない子どもも不就学の子どもも割合としてはごく少数派である。日本の場合、これに加えて、戦後から高度経済成長期を経て「総中流」意識が広まり、生活やライフコースの階層的な差異が徐々にみえづらくなっていく。のちに「単一民族神話」[3]と暴かれるように、エスニシティの多様性も不可視化されていた。階級や人種による差異を極端に忘却したなかで、性別役割分業に基づいて子どもの教育に力を注ぐ近代家族が行き渡り（「家族の戦後体制」[4]）、単線型の学校システムで高校進学が準義務化して大学進学率も上昇する「大衆教育社会」[5]になった。学卒後の新卒一括採用での終身雇用が行き渡り、しかるべきのちに結婚し、性別役割分業に基づき新たな子どもを育てていく「標準的ライフコース」をみんなが享受できると強く信じられた。『〈子供〉の誕生』がインパクトをもったのは、そのような時期である。

しかし、家庭的な保護や教育を十分に享受できなかった子どもたちが周りにいたことを、高度経済成長以前を知っている世代は（その後の世代すらも）記憶しているだろう。子どもへのまなざしに目を向ければ、子どもと呼べる年齢層の人をまったく異なった目で――例えば性的欲望の対象や安価な労働力や単なるじゃま者として――みる大人も当然いた（いまもいる）だろう。だとすると、私たちの現代につながる子ども観が「誕生」し、実態として広範囲に「浸透」しているというような図式は、端的に事実を描ききれていないことにはならないだろうか。実態として残る多様性を、それがどのように不可視化されていくのかも含め、捉えていく必要があるのではないだろうか。

このような戦後期への問題意識を背景にしながら、本書は、しばしば単純化されているが曖昧な「誕生」論で理解されがちな戦前期の諸事例の描き直しを試みるものである。戦前期を子ども観の全域化への端緒としてだけ描くのは誤りだろう。公的制度と都市新中間層の社会意識のなかに近代的な子ども観が確かに登場したとして、それがそのまま戦後につながるわけでもないだろう。おそらく、戦前期には、そうではない雑多な論理と現実が戦後よりもあからさまに観察される。それらがどう絡み合ったり衝突したりすれ違ったりしたのかをみていくことによって、本書の先に、「誕生」した子ども観が「浸透」して行き渡ったとみなされがちな戦後にかけての歴史像を異化する端緒としたい。

本書では直接的には扱えないが、このことは、現代を考えることにつながると考えている。二十世紀末から二十一世紀にかけて、戦後日本社会が実現した標準的ライフコースは大きく揺らいでいる。性別役割分業が批判され、多様な属性や多様な生き方を尊重することが価値として称揚される時代になった一方で、バブル崩壊から新自由主義経済政策へという変化で経済格差が目にみえる時代になり、必ずしも当人が望んだわけではない「多様化」も進行している。

そのなかで、かつて「標準」とみえた「子ども」と「大人」のあり方自体が、行き渡っていないことが目にみえる時代になってきた。就職、結婚、子育てといったライフイベントをみんなが通過するわけではないことが明らかになり、「大人」のメルクマールのほうが遠ざかっている。そこから「子どもとは？」「大人になるとは？」という素朴な疑問が生まれがちともいえる。また、「子どもの貧困」や「児童虐待」が社会問題化し、「発達障害」「外国ルーツの子」「LGBT」など、従来気づかれていなかった多様な子どもたちの存在が次々とクローズアップされている。多様性を尊重すること自体が世界的な人権課題になっている一方で、それが逆説的にも万人に家庭養護や学校教育を保障するという、いかにも近代的な子ども時代を行き渡らせるプロジェクトにもつながっている。多様性を尊重することと、生存保障や教育保障などの近代社会が実現した子どもの処遇と大人期への橋渡しの再構築のあいだで綱引きが進んでいる。(6)

つまり、私たちの社会では、いま、「子ども」とはこのようなものだという前提を強く置きながら／置くからこそ、現実の多様性を前に、「子ども」とは「大人」とは何か、「大人」は何をすべきかが問われ続けている。この時代を適切にみるための端緒として、一度「誕生」を描き直してみたい。

注

(1) フィリップ・アリエス『〈子供〉の誕生——アンシァン・レジーム期の子供と家族生活』杉山光信／杉山恵美子訳、みすず書房、一九八〇年

(2) フランス語で書かれた原著の書名は、邦訳の副題である。

(3) 小熊英二『単一民族神話の起源――「日本人」の自画像の系譜』新曜社、一九九五年

(4) 落合恵美子『21世紀家族へ――家族の戦後体制の見かた・超えかた 第4版』(有斐閣選書)、有斐閣、二〇一九年

(5) 苅谷剛彦『大衆教育社会のゆくえ――学歴主義と平等神話の戦後史』(中公新書)、中央公論社、一九九五年

(6) 保護され教育される子ども期への包摂が、画一性の押し付けになったり、包摂しながら二流市民的に排除することにつながったりもする。そのような排除と包摂の錯綜する歴史については、例えば、稲垣恭子編『教育における包摂と排除――もうひとつの若者論』(〔「差別と排除の「いま」」〕、明石書店、二〇一二年)や、倉石一郎『増補新版 包摂と排除の教育学――マイノリティ研究から教育福祉社会史へ』(生活書院、二〇一八年)を参照のこと。

序章　子ども観の近代性と多様性への視角
――「誕生」図式を問い直す

元森絵里子

はじめに

「子ども」(child)とは、社会的カテゴリーを示すにしては何とも曖昧な語である(1)。日常語として、「子ども」のイメージや「子どもらしい」と感じるのはどのような性質かを問われた場合、とっさに就学前から小学生程度の(二次性徴前の)年齢層をイメージして、「かわいい」「無邪気」「遊ぶ」などと連想する人が多いのではないだろうか。だが「大人」と対になる語として「子ども」を捉えた場合、現代日本ではその示す範囲は一気に広がり、「大人」と「子ども」の境界はどこかと問えば、二次性徴、義務教育修了、最終学校修了、参政権や飲酒・喫煙などの法制度上の権利・義務、就職、離家、結婚、出産、精神的成熟など、イメージされる年齢に幅がある多岐にわたる答えが出てくるだろう。

「子ども」は、一方で、成長途上の存在を曖昧に指す。発達理論などでは、「乳児期」「幼児期」「少年期」「思春期」「青年期」など細かく区分することも可能だし、その一部分だけを「子ども期」と見なすことも少なくない。加えて、「親」に対する「子ども」は生涯続くものでもあり、非常に曖昧模糊とした語である。その一方で、「大人」と対になってそれとの境界線を確定しようとしてしまう、二分法的な語彙でもある。その場合も、前述のように、「子ども／大人」の境目のイメージを並べてみても、矛盾だらけで一つには収斂しない。身体的・性的な成熟と社会的な一人前の指標とのタイムラグが気になったり、身体は子どもなのにお金を稼いでいる演劇子役や、身体は大人なのに就職や離家を達成していない「子どもっぽい大人」の存在が気になったりする。現代日本では、結婚や子育てを経験することは自明ではなく、学卒就職もそのときどきの経済状況に左右されるものとなっていて、「大人」のほうのイメージも揺らいでいるので、境目はより曖昧になっている。

法制度上の呼称は、「児童」「少年」「未成年」「子」など、多岐にわたる。戦前期は、child に相当する語として「児童」が比較的定着していて、現代でも、福祉分野では十八歳未満を「児童」と定義しているほか、「児童文学」や「児童虐待」などの単語にそれが残っている。ただ、学校教育では、「児童」とは小学校児童のことで、中・高生は「生徒」と呼称する。また、政府訳「児童の権利条約」が一般に「子どもの権利条約」としても知られているように、福祉分野でも「子ども」という語を使おうという主張もあり、制度的定義から距離をとった一般的なニュアンスが「子ども」に込められてきているともいえる。

このように、「子ども」という社会的カテゴリーとそれにまつわる諸表象は、学術的な定義や法制度上の呼称と交錯する多義的で曖昧な日常語として、しかしいまさら変えようがないほど、私たちの社会に根づいている。「子ども」という語は曖昧で互いに矛盾する諸定義を含み込み、場面や領域によって使い分けられている。すべての定義がすべての年少者に当てはまるわけではないものの、何となく「子ども」とはこういうものだという合意がある。それは、生物学的なもの、制度的なもの、より漠然とした観念的なものがないまぜになったものである。子どもの近代を考えるには、この曖昧な合意とそこから漏れる存在をめぐる言説・実践をともに視野に入れなければならない。「はじめに」で述べたように、本書は、この「子ども」をめぐる、曖昧だが確かに社会に定着した定義（群）が「誕生」した時代に、そこにとどまらないどのような多様な現実の年少者や多様なまなざしがあり、それらがどう絡まり衝突しすれ違っていたかを解きほぐそうとするものである。序章では、これ以降の章に通底する視角について簡単に述べておきたい。そのために、フィリップ・アリエス『〈子供〉の誕生』[2]を嚆矢として、単純化して理解されがちな「誕生」図式を振り返り、それをどう乗り越える必要があるかを論じていく。

1 「子どもの誕生」を問い直す視角

『〈子供〉の誕生』のインパクトと混乱

アリエスの『〈子供〉の誕生』は、中世には「子ども」を特別視する感覚はなかったと述べ、世界的にインパクトを与えた。乳幼児よりも大きな存在は、大人に交ざって活動する「小さな大人」だったというのである。[3]「子ども」を特別視する感覚とは、同書の言葉では、「可愛がり」と「激昂」の感覚、言い換えれば、保護し教育するという子どもへのまなざしである。

アリエスは、そのような子ども観は、十三世紀から十八世紀に徐々に登場してきたと、多様な資料から明らかにしている。冒頭では、絵画や文書を用いて衣服や遊びに表れた変化を示していく。次いで紙幅を割くのは、学校制度の整備と近代家族の登場の歴史である。かつてはごく一部の人々だけが通い、年齢層も学ぶ内容も体系立っていなかった学校が、学年制や年齢主義などを導入して、年少者を一律に処遇していく仕組みになっていく様子や、かつての開放的な共同体(社交共同体)での子育てが私的空間に閉じ、親が子どもの養育責任を一律に担う近代家族へと変化していくさまを論じる。こうして、近代と呼ばれる時代になるにつれて、学校、家族、共同体が変化していくのと並行し、「子ども」に対する保護と教育のまなざしが整ってきたというのがアリエスの主張の見取り図である。

これは、家族に関する社会史の知見とも整合する。エドワード・ショーター『近代家族の形成』[4]、ローレンス・ストーン『家族・性・結婚の社会史』[5]などによって、情愛や教育意志によって結ばれた親子関係イメージも核家族という家族形態も、普遍的な家族のあり方ではないこと――「近代家族」という歴史的なものであること――が次々と示されていった。これらの研究が、それぞれの着眼点や分析枠組みの差異を超えて、子どもや子育てをめぐって自明視されている見方が、近代社会の構築物だったという知見を広めていった。[6]日本でも、アリエスに刺激されるように、国民皆教育に特徴づけられる学校教育と、性別役割分業と私秘化に支えられた子ども中心主義の近代家族が、近代以前の子育て・子育ちを変容させてきたことに注目する知見が積み重ねられている。[7]

だが、アリエスの議論は、子どもや子育てに関する常識を歴史的に相対化する点でインパクトをもった一方で、アリエス自身の記述の曖昧さもあって、非常に曖昧に受容されてきたように思われる。具体的には、「誕生」図式が受け入れられる一方で、それに回収されない多様な現実があることとの関係は等閑視されてきた。

例えば、英語圏では、中世に子どもを特別視する感覚は本当になかったのかという論点をめぐって混乱含みの議論が起こっている。[8]有名なのは、リンダ・ポロックの反論である。ポロックは、日記、自叙伝、新聞記事などを詳細に分析し、十八世紀以前も子どもの死を悲しむ親がいたと明らかにし、中世と近代の断絶を強調するアリエスの議論を反証している。[9]ただ、アリエス自身の意図がどこまで明確だったかはさておき、『〈子供〉の誕生』は、一人ひとりの内面のレベルを問題としたものではない。また、断絶か連続かを論じられるほど、短い期間に意識や制度ががらりと変わったと述べているのでもない。アリエスは、多様な資料を駆使して個々の事例、個別の領域の変化を複数みせながら、長期的で一枚岩ではない、社会的な変動を描いたといえる。

そもそも、「誕生」という語は邦訳でつけたものである。英語圏でもアリエスのような主張をしばしば「子ども期の発明 invention of childhood」と呼称することがあるが、これもアリエス自身の言葉ではない。いずれにせよ、中世にまったく何もなかったところに、近代のある時期に観念や感覚が一気に現れたわけではない以上、近代以前に言葉や感覚があったという事例からアリエスを反証しても無意味である。アリエス自身の議論の曖昧さをあげつらうよりも、重要なのは、単純化した「誕生」図式をどう捉え直せるかだろう。

アリエスが学校制度の変遷や社交共同体から近代家族への変化を描いたように、近代と呼ばれる社会には、それ以前とは一線を画すような要素があるのは事実である。大ざっぱにみれば、「子ども」に関する感覚や制度は近代社会で「誕生」したものだという主張は批判しづらい。

だからこそ、むしろ、「近代的子ども観」の「誕生」という曖昧な理解ではなく、おおまかには「誕生」とみえる事象を分解し、多様な水準で何が連続し、何が新たに加わり、何がすたれたり忘れられたりしていったのかをみていく必要があるだろう。[10]また、社会意識の水準でも、領域ごとに差異があったり、過去のものから新しいものに切り替わるのではなく、単に積み重なっていったり、複数のモードが場面によって使い分けられたりすることがあるだろう。[11]そうした複雑な水準で歴史を見直していく必要がある。

「誕生」物語を複数化する

近代という時代が、それ以前とは一線を画した時代であることは疑いない。子どもに関する近代の歴史を描こうとすれば、それまでとは大きく異なる感覚や制度の成り立ちを明らかにすることになる。したがって、それを「誕生」図式で理解することは完全に間違っているわけではない。必要なのは、まず、それが決して一枚岩のものではなく、多様な変化の集合とみる視点である。

ハリー・ヘンドリックは、近代的子ども観の複数性を強調している。「誕生」の画期として、上・中流層の家族の変化が大きく進行した十七世紀を強調するアリエスとは異なり、ヘンドリックは十九世紀後半から二十世紀前半を重要視する。帝国主義的な国民国家の統治の形態として、家族、学校、社会政策、医療、消費文化・余暇といった多数の制度領域で子どもと子育ての新たな観念と慣行ができあがり、その多領域の子ども観が重なり合って子どもと子育てを管理・監視していく体制が成立したとみるのである。(12) この複数性という視点は、本書が扱う日本の場合にも重要である。

日本の学校教育制度は、一八七二年（明治五年）に学制が出され、学齢を定義したところから国家主導でスタートした。日曜学校などの宗教的な熱意に突き動かされた慈善的活動が先行した欧米と、大きく異なる点といえる。学校教育で、その対象とする「子ども」の定義が明確になり始めるのは、九〇年（明治二十三年）の第二次小学校令のころからである。(13) 同令は、「小学校は児童身体の発達に留意して道徳教育及国民教育の基礎並其生活に必須なる普通の知識技能を授くるを以て本旨とす」（第一条）と定義している。一九〇〇年（明治三十三年）の第三次小学校令では、心身の発達に沿ったカリキュラム編成が明確になると同時に、四年間の義務教育が無償化されて就学率も上昇する。〇七年（明治四十年）には義務教育は六年に延長され、「児童」は学校に行き、発達に留意して教育され、未来の国民になっていくものという感覚が社会に根づいていく。一八九九年（明治三十二年）の第二次中学校令と高等女学校令以降は、五年間の中等教育の整備も進み、経済的に余裕がある層から十代を学校で過ごすライフコースが定着し始める。

学校教育との関係を模索しながら、家族も、子どもを保護し教育する近代家族へと編成されていく。明治に入って、移動や職業の自由が家族を私的なものとし、戸籍制度が家制度を戸主を通じた国家による成員管理の基礎として再編していくが[14]、そこに、「ホーム」の訳語としての「家庭」という発想が入り込んでくる。明治二十年代以降（一八九〇年前後以降）、この語は、母が無垢な子どもを世話し愛し教育するという意味合いを含んで用いられるようになる。これが明治二十年代後半から三十年代（一八九〇年代半ばから一九〇〇年前後）にかけて広がっていくのに並行して、男女別学の中等教育が整備され、家庭を担う「良妻賢母」が女子教育の目標とされていく[15]。

心理学や栄養学、保健衛生学といった子どもに関する科学的研究もこの時期、盛り上がりをみせる[16]。一八九八年（明治三十一年）に、欧米の児童研究運動の影響を受けた雑誌「児童研究」（日本児童学会）が創刊されている。身体や知能に関する統計が蓄積され、その「分布」から、その範囲を目指して子どもを管理監督していくべき、「正常な子ども」の像ができあがっていく。並行するように、子どもの身体管理の技法も学校を通して定着する[17]。八八年（明治二十一年）には、身体測定（「体格検査」）と体力測定（「活力検査」）が制度化され、九七年（明治三十年）の「学生生徒身体検査規程」などの学校衛生の諸制度が、明治二十年代半ばから三十年代半ば（一八九〇年代前半から一九〇〇年代前半）にかけて、整備されている。

このように国家的プロジェクトとして「子ども」の定義と管理の諸制度が整えられ、それを支える「子ども」に関する知が定着していくのに並行して、明治末期から大正期にかけて（一九一〇年代）、産業化と都市化のなかで、これを積極的に利用していく層が現れる。学歴を糧に近代的な俸給制の職業につく夫＝父と、良妻賢母の専業主婦（妻＝母）によって構成される都市新中間層である。この層は、第一次世界大戦後、産業化と都市化のなかで急増していく[18]。

この家族は、次世代の生存を子どもの教育に賭ける「教育する家族」[19]であり、そのためにも、「童心」を尊重し[20]、「衛生戦略」[21]を駆使するようになる。母性愛に基づいて「よりよい」子どもを育てるという優生学的とも呼べる思想をもち、産児制限を早くに実践するこの層のために[22]、少年・少女雑誌や衛生用品、菓子、文具、子ども服や子ども部屋といった「子どものため」の商品が整えられ、百貨店による博覧会・展覧会を通じて周知・啓蒙されるようになる[23]。国家だけでなく産業資本の思惑にも支えられた新中間層のこのような主体的な実践によって、子どもは保護され、愛され、管理され、教育されるものだという感覚が定着していく。

以上のように、国民皆教育と近代家族、心理学や生物学など「発達」に関する知、医療や保健衛生体制、子ども向け消費市場や児童文学といった領域で、「子ども」とはこのようなものだという感覚と処遇の制度が形作られ、一部の層に実態としても定着していく。まさに、ヘンドリックがみたように多様な領域で、子どもを一定の形態で処遇することを通して秩序を実現していくような統治のテクノロジーが、同時多発的にそれぞれ連動しながら、「誕生」したといえる。

ただ、複数性という視点から具体的かつ豊穣に歴史を描き出す作業は重要である一方で、それも結局は「誕生」図式を文字どおり複数化し精緻化したにとどまってしまいがちな点も否定できない。この同時多発的な「誕生」という図式に回収されない要素も含んだ、より動態的な近代を描いていく必要があるのではないだろうか。

「浸透」物語を異化する

そのときに、近代家族や学校教育の中枢の子ども観、子どもの処遇とは明らかに別の世界をどうみるかを念頭に置く必要がある。ヘンドリック自身、別の著作では、「自然な子ども」「ロマン主義的子ども」「学校へ行く子ども」といった観念とともに、「賃労働する少年」や「非行少年」が批判し撲滅する対象として発見されていくことに言及している。[24] 複数の「子どもの誕生」が同時多発的に進行したとみえる時代に、そのようないかにも「子どもらしい子ども」の時代を享受できない年少者たちが、事実として大量にいたことは疑いない。国民国家の諸領域で子ども観が整えられていってもなお、家族や学校で保護され教育される子ども時代からほど遠い子ども時代を過ごす子どもたちは長く残り続ける。そのような「誕生」図式から逸脱する事例で、年少者がどうまなざされていたのかをみていかなければならない。

ヘンドリックをはじめ、欧米の子ども史は、このような「誕生」しつつある「子どもらしい子ども」から外れる子どもたちが、「危機に瀕する子ども children at risk」や「危険な子ども dangerous children」としてまなざされるようになったことを指摘している。前者は捨て子や浮浪児、虐待される子どもたちなどであり、後者は、非行少年・不良少年（delinquent）である。前者は「被害者victim」だが、それを放置していくと、発達の過程がゆがみ、年長少年になったときには、犯罪に手を染めて社会への「脅威 threat」である後者に移行していきかねないと見なされる。ジャック・ドンズロやニコラス・ローズがイギリスとフランスの事例を描き出しているように、子どもに関する心理学や精神医学の知が転用され、子どもを保護して非行を予防する児童保護（のちの児童福祉）と、ひとたび非行に走った子どもを、大人とは異なった形態で処遇するための少年司法制度が形作られていく。[25]

日本の場合、明治期前半（一八七〇年前後から九〇年前後）には、「就学免除」として貧困層や障害児の包摂を露骨にあきらめていた。[26]一八八〇年代後半に簡易科や貧民学校などの教育が始まり、明治期後半（一八九〇年前後から一九一〇年前後）になると、より積極的に公教育に包摂する試みが始まっていくなかで、[27]第三次小学校令が貧困を就学免除要件から外して就学を奨励し始める。

さらに、貧困によって就労したり、家族の監督下になく放任・流浪していたりする年少者をめぐって、就学を阻む就労を禁止する法が登場する。一九一一年（明治四十四年）制定の工場法は、年少者の工場への雇用を禁止する。適切な保護者がいない「放浪」「浮浪」する子どもたちや、法に触れる行為を犯した子どもたちについては、「子ども」だから環境の被害者として免責して保護や教育を与えるべきなのか、社会への脅威として「大人」と同様に収容して刑罰を与えるべきなのかをめぐって議論が展開され、保護主義を前面に押し出した〇〇年（明治三十三年）の感化法や、厳罰主義とのバランスをとったといわれる二二年（大正十一年）の少年法が成立する。(28)これらの制度が作られていく前提には、まさに、欧米由来の、危機に瀕する子が不良少年化するという図式がある。(29)その先に、三三年（昭和八年）に少年教護法や児童虐待防止法が成立し、戦後に向けて、児童福祉と少年司法の視線と制度ができあがっていく。

これらは、一見すると、前述の家族や学校に保護され教育される「子どもらしい子ども」「正常な子ども」からこぼれ落ちがちな層——象徴的な意味合いを込めて children without childhood（子どもらしい子ども時代をもたない子ども）としばしば呼ばれる——を包摂するための諸制度ともみえる。そして、理念と制度のうえで「誕生」し、上・中流層だけが実態として享受していた「子ども」時代が、このような制度によって下層を含むより広範な層へと「浸透」していった歴史を示唆しているように思われるかもしれない。

例えば、ヒュー・カニンガムは、この「浸透」図式を、観念と実態という枠組みでより精緻に描き出している。カニンガムは、子ども期（childhood）に関する思想と現実の子ども（children）の経験という区別を導入する。(30)そして、観念として登場した子ども観が、実態として現実の子どもたちに浸透していく歴史を描き出す。そこで重要なのは階層という変数である。具体的には、十八世紀に、「子どもは小さな大人ではない」と宣言したジャン・ジャック・ルソーの哲学のような子ども期に関する観念が登場し、ロマン主義として文学や絵画に反映されていく。それはやがて、上・中流層の子育てに取り入れられ、現実に近代的・ロマン主義的な子ども観にそった子ども時代を享受する子どもが現れる。十九世紀には、博愛団体(31)と国民国家の介入で学校教育や少年司法や児童福祉などの整備が進み、下層の子どもたちも保護され教育される近代的な子ども時代へと徐々に包摂されていくとみるのである。その先に、二十世紀には、衛生学や心理学などの子どもの科学が制度化され、子どもをめぐる社会政策が制度化され、中流層は家族を通して、下層はより直接的に、管理されていく歴史を描いている。

このような、子ども観と子どもの実態の歴史的変化を、思想、法制度、知や実践と現実の人々の感覚や生活といった様々な水準の変化の連関として描き出す動態的な視点は、きわめて重要ではある。階層差という視角も参考になる。だが、この図式もまた、「誕生」した子ども観が「浸透」する過程を精緻に描いているにすぎないともいえないだろうか。

繰り返しになるが、「危機に瀕する子ども」や「危険な子ども」という発想自体も、近代以降に登場している。家族や学校で保護・教育され、国家のためになる「子どもらしい子ども」と同じく、それに包摂されるべき、国家や社会の秩序を乱しかねない「子どもらしい子ども時代を与えられていない子ども」も、特定の時代の子ども観としてみるべきだろう。つまり、後者は、一見すると、「誕生」した前者の近代的子ども観から取りこぼされた、包摂されるべき「外部」や「実態」とみえるかもしれないが、そのようにみてしまうこと自体が前者の視線の効果として「誕生」しているかもしれない。

また、そう考えたとき、特定の年少者を「問題」「外部」と見なす子ども観のより外側に、年少者が別の論理の世界を生きている可能性もあれば、彼ら／彼女らを別様にまなざす世界もありうると考えるべきではないか。その一部は、それこそ近代化のなかで歴史の彼方に消えていったかもしれないが、現代社会に至るまで、子どもを扱う世界とは別の世界などに残っている可能性もある。複数の子ども観の領域ごとの変化や、複数の水準間の動態的な変容として、比較的豊穣に子ども観と子どもの処遇の歴史を描いたはずのヘンドリック、カニンガムなどの子ども史家や、ドンズロ、ローズなどの社会学者の記述が捉えきれていないのは、このようなより根源的な複数性や多様性ではないだろうか。

2　メタファーとしての「複合体」と「逃走線」

ここまでの議論をまとめよう。アリエス以降、子どもをめぐる近代の歴史は、「子どもの誕生から浸透へ」という図式的な理解をされがちだった。確かに、近代という時代は、一面からみれば、それまでとは大きく異なった何かが「誕生」したと呼べるような、大きな地殻変動を伴って年少者たちを取り囲んでいくものだった。ただ、その「子ども」の近代は、決して一枚岩のものではなく、複数の領域の、また観念、制度、実践、実態などの複数の水準の変化の重なり合いである。対応すべき「逸脱」「問題」としての子ども観も、その一つかもしれない。これらをみていった場合、何かが「誕生」したと呼べそうな大きな地殻変動は、多様な変化の絡まりとして見直すことができるのではないだろうか。それは一枚岩というよりむしろ、かつそこに衝突したり併存したりする別の論理やまなざしもあるかもしれない。本書の各章がそれぞれに試みるのは、このような前提に基づいた、一見すると素朴な「誕生」論や「誕生→浸透」図式にみえてしまいそうだがそれには回収されない、子どもの近代史の提示である。

この視角をよりわかりやすく説明するために、本書の執筆メンバーが、ある種の感受概念として流用したのは、ドンズロ『家族に介入する社会』の記述と、同書に寄せたジル・ドゥルーズによるあとがき「社会的なものの上昇」が用いている「線」と「複合体」という比喩である。(32) ドンズロは、同時代のミシェル・フーコーの統治性論と、ドゥルーズとフェリックス・ガタリの「アレンジメント」(agencement、ドンズロの邦訳では「鎖列」)概念を参照しながら、家庭育児、保健衛生、少年審判、ソーシャルワーク、精神医療といった複数の領域で、思想と制度と実践が連なって、子どもと家族を取り巻いていくことを描き出す。ドゥルーズは、そのような複数の領域の多層の連なりを「線」という自身の比喩で明確に言い換える。また、ドンズロは、十九世紀後半以降、司法、精神医学、教育が絡まり合って「保護複合体」を形成し、子どもと家族の自律的な監視・管理を促す、社会的なものの領域(ソーシャルワーク)が立ち上がり、諸階層の家族と国家の関係を再編していくさまに言及する。いわば複数の「線」が絡み合って、「複合体」様になっていったという歴史図式である。

このようなドンズロ自身の記述は、「保護複合体」という、システムとも言い換えられそうなものの「誕生」(さらには浸透、全域化)という素朴な「誕生」論に近似しかねない危うさをはらむ点は否定できない。加えてこのとき「子ども」は介入や統治の対象としてまなざされるだけであり、子ども観や子どもの処遇の多様性は視野に入らない。アメリカやフランスの少年裁判所制度を前提とした議論を、日本の記述にそのまま用いることも難しい。にもかかわらず、この「線」と「複合体」という比喩は、多様な水準の言説と物質、身体と制度が連なっていくさまと、それが近代国民国家のなかでまとまった一連の子どもの処遇を作り、それまでとは一線を画した子どもの処遇の一大システムが誕生したかのようにもみえるに至ったさま、言い換えれば、多様性と近代性を同時に視野に収めることができる。つまり、ドンズロ自身の議論の細部まで取り入れるかどうかは別にして、大まかな歴史記述の際に大いに参考になる比喩のように思われるのである。

加えてドンズロ＝ドゥルーズの枠組みの重要な点は、多様な個人と思想が、「複合体」に抵抗・衝突したり、そこから逃走したりする可能性を視野に入れているということである。それらは、「逃走線」というドゥルーズとガタリの概念で説明されている。実は、ドンズロ自身の記述は、「逃走線」が「複合体」を前にして封じられていくさまを主として描いていて、「浸透」図式に近似していくうらみがある。ただ、そのモチーフには、「それらの規則の機能と失敗とを検討することによって、われわれの現在に存在する鼓動を計測しなければならないだろう[33]」というように、ある種の規律に関わる社会編成が簡単には全域化しないということを視野に入れる契機が含まれている。

以上のように、ドンズロ自身の意図とは別の形でこの比喩を流用することで、この複数の「線」が合流して「複合体」になったり（とみえたり）、その「複合体」に合流しない「逃走線」になったり（とみえたり）するというように、子ども観と子どもの処遇をめぐる現実により近い近代史を描き出せないだろうか。それは、「誕生」したものが「浸透」「全域化」し、いま「揺らぎ」「問い直し」の時期にきているというような、近代と現代（後期近代）の描き方をいま一度問い直し、より現実的な私たちの現在を展望する作業の、いわば基礎作業になるだろう。

3　本書の構成

本書の以下の四章は、近代日本の子ども観と子どもの処遇の近代を、多様な「線」とその錯綜を追うことで、「誕生」「浸透」図式に回収されないものとして描き直していく。扱うのは、学校教育と近代家族や保健衛生などの国民形成や人口管理の制度や、都市新中間層の子どもと子育てといった典型的な「誕生」論にみえるような事例ではない。むしろ、より周辺部の、「危機に瀕する子ども」や「危険な子ども」の話とみえる事例を取り上げていく。明治末期から昭和戦前期（一九一〇年前後から三〇年代前半）にかけて、少年司法と児童福祉が混然一体になった世界が、近代家族と学校教育にいまだ包摂されない年少者を保護・矯正し始めたかにみえる。しかし、具体的にみていけば、そこには「誕生」「浸透」図式に回収できない雑多な現実がある。そこでの、彼らを取り込もうとする論理（「線」）の多様な絡まり（「複合体」）、そこに交錯する異質な論理（「逃走線」）などを、制度や技術と連動した具体的かつ動態的なものとしてみていく。

第1章「「稼ぐ子ども」をめぐるポリティクス――児童保護をめぐる多様な論理」（元森絵里子）では、「保護され教育されるべき子ども」という規範を裏から支える、児童保護（児童福祉）立法の「誕生」とみえかねない、工場法から児童虐待防止法に関わる議論を、より多様な論理の交錯として描き直す。

第2章「貰い子たちのゆくえ――昭和戦前期の児童虐待問題にみる子どもの保護の接合と分散」(高橋靖幸)は、同様に、虐待防止という保護の子ども観の「誕生」とみえかねない歴史を、戦前期の「児童虐待」という言葉を追尾することで、そこに様々な論理が離合集散していく過程として描き直す。

第3章「孤児、棄児・浮浪児の保護にみる「家庭」/「教育」――戦前期の東京市養育院での里親委託の軌跡から」(土屋敦)では、孤児、棄児・浮浪児の代替養育の実態と論理をみることで、家庭的養護規範の「誕生」物語で描かれがちな代替養育が、戦前期日本ではそれとはまったく異なった論理と現実で構成されていたことを明らかにしていく。

第4章「消費する年少者と家族の戦略――「活動写真」から「映画」へ」(貞包英之)は、消費者としての子どもという、従来の子ども論が扱いあぐねてきた事例を扱う。子ども向け消費の「誕生」論の陰で、消費する子どもは注目されないか管理からの能動性回復のアジールとして読み込まれる傾向があった。それらとは違う見方を示していく。

これらは、無数の例のうちの四つにすぎないが、それぞれに「子どもの誕生」という図式を異化するものであり、このあとの戦後から現代を展望する可能性を示すのには十分だろう。

注

(1)本段落と次の段落にあげた事例は、大学の授業や講演などでアンケートをしたときの回答をもとにしている。

(2)フィリップ・アリエス『〈子供〉の誕生――アンシァン・レジーム期の子供と家族生活』杉山光信／杉山恵美子訳、みすず書房、一九八〇年

(3)この時期に、子ども観の歴史性を指摘した著作として、ヤン・H・ヴァン・デン・ベルク『メタブレティカ――変化の歴史心理学』(早坂泰次郎訳、春秋社、一九八六年)があげられる。彼は、近代独特の「子ども」へのまなざしの特徴を、「大人」と異なったものとしながら「大人」に近づけていくものとして描き出している。

(4)エドワード・ショーター『近代家族の形成』田中俊宏／岩橋誠一／見崎恵子／作道潤訳、昭和堂、一九八七年

(5)L・ストーン『家族・性・結婚の社会史――1500―1800年のイギリス』北本正章訳、勁草書房、一九九一年

(6)学術的には、このような知見は、当時社会科学に広まった構造主義、構造機能主義が、子どもを社会構造の普遍的な要素とみたり、さらにはその再生産の要とみたりすることへの批判意識と共振しながら受け入れられていったといえる。

(7)西洋教育史の宮澤康人や日本教育史の中内敏夫といった研究者が研究会などを組織して編著を刊行して進めていった。第1巻編集委員会編『教育――誕生と終焉』(「叢書 産む・育てる・教える 匿名の教育史」第一巻)、藤原書店、一九九〇年、宮澤康人編、森田伸子／森田尚人／鳥光美緒子／北村

三子『社会史のなかの子ども――アリエス以後の〈家族と学校の近代〉』新曜社、一九九八年、など。

(8) 英語圏の子ども史では、中世と近代の子ども観にアリエスがいうほどの差異があったか否かをめぐる議論(「断絶説」対「連続説」)が展開された。日本語で読める解説としては、以下の二論文が参考になる。北本正章「子ども観の社会史研究における非連続と連続の問題――欧米におけるアリエス・パラダイム以降の諸学説にみる新しい子ども学の展開と構成」「教育研究――青山学院大学教育学会紀要」第五十三号、青山学院大学教育学会、二〇〇九年、岩下誠「現代の子ども期と福祉国家――子ども史に関する近年の新たな展開とその教育学的意義」、同誌。前者によれば、英語圏での議論の錯綜の一因として、フランス語の sentiment(子ども期への感覚)を、英訳版が idea(「子ども」という観念)と訳してしまったことがあるという(前掲「子ども観の社会史研究における非連続と連続の問題」二二一―二二三ページ)。

(9) L・A・ポロック『忘れられた子どもたち――1500―1900年の親子関係』中地克子訳、勁草書房、一九八八年

(10) 例えば、「連続説」にくくられるA・マクファーレン『再生産の歴史人類学――1300~1840年英国の恋愛・結婚・家族戦略』(北本正章訳、勁草書房、一九九九年)は、「子ども」を「大人」とは区別する感覚と、「子ども」をめぐる損得勘定の感覚は近代以前から存在したとする。ただ、中世の農業社会から近代の工業社会へという変化のなかで、子どもは、「労働力資産」(働き手)から「経済的負債」(金食い虫)へと変化していったという。これは、個別の感覚の水準の連続性と社会的な水準の変化の関係性を描いているといえる。

(11) ロイド・デ゠モス『子ども期の進化』(邦訳は、L・ドゥモース『親子関係の進化――子ども期の心理発生的歴史学』〔宮澤康人訳、海鳴社、一九九〇年〕)は、「親子関係の精神史」として、古くか

らある「子殺し的」モードや「捨子的」モードに、「両面感情的」モードなどが徐々に加わっていき、十七世紀から十八世紀になると、「介入的」「社会化的」など、大人が子どもを世話して大人にするようなモードが加わるという累積図式で歴史を描いていく。そして、二十世紀後半には「助力的」モードという新たな関わり方が推奨されるとみている。その意味で、アリエスが見いだしたような中世と近代の子ども観の差異を描きながら、古いモードも残り続けているという歴史を描き出している。

(12) Harry Hendrick, *Children, Childhood and English Society, 1880-1990*, Cambridge University Press, 1997. この視角の背後にはミシェル・フーコーの統治性に関する議論がある。

(13) 元森絵里子『語られない「子ども」の近代——年少者保護制度の歴史社会学』勁草書房、二〇一四年

(14) 小山静子『良妻賢母という規範』勁草書房、一九九一年、同『子どもたちの近代——学校教育と家庭教育』(歴史文化ライブラリー)、吉川弘文館、二〇〇二年

(15) 前掲『子どもたちの近代』

(16) 本田和子『子ども一〇〇年のエポック——「児童の世紀」から「子どもの権利条約」まで』フレーベル館、二〇〇〇年

(17) 宝月理恵『近代日本における衛生の展開と受容』東信堂、二〇一〇年

(18) 前掲『子どもたちの近代』一五七—一五八ページ。そのほか、以下を参照のこと。落合恵美子『近代家族とフェミニズム』勁草書房、一九八九年、沢山美果子『近代家族と子育て』吉川弘文館、二〇一三年

(19) 広田照幸『日本人のしつけは衰退したか——「教育する家族」のゆくえ』(講談社現代新書)、講談社、一九九九年

(20) 河原和枝『子ども観の近代——『赤い鳥』と「童心」の理想』（中公新書）、中央公論社、一九九八年

(21) 前掲『近代日本における衛生の展開と受容』

(22) 前掲『子どもたちの近代』

(23) 神野由紀『子どもをめぐるデザインと近代——拡大する商品世界』世界思想社、二〇一一年

(24) Harry Hendrick, "Constructions and reconstructions of British childhood: An interpretative survey, 1800 to the present," in Allison James and Alan Prout eds., *Constructing and Reconstructing Childhood: Contemporary issues in the sociological study of childhood*, 3rd Edition, Routlage, [1990]2015, pp. 29-53.

(25) ジャック・ドンズロ『家族に介入する社会——近代家族と国家の管理装置』宇波彰訳、新曜社、一九九一年、ニコラス・ローズ「子どもと家族のまわりの世界」（堀内進之介訳）、『魂を統治する——私的な自己の形成』堀内進之介／神代健彦監訳、以文社、二〇一六年

(26) 前掲『語られない「子ども」の近代』

(27) 土方苑子『東京の近代小学校——「国民」教育制度の成立過程』東京大学出版会、二〇〇二年

(28) 森田明『少年法の歴史的展開——〈鬼面仏心〉の法構造』信山社、二〇〇五年、前掲『語られない「子ども」の近代』

(29) 橋本陽子「犯罪防止と児童保護——明治期における「孤児・棄児」「不良少年」「習慣犯」の関係性の構築」、ソシオロジ編集委員会編「ソシオロジ」第四十九巻第二号、社会学研究会、二〇〇四年

(30) ヒュー・カニンガム『概説 子ども観の社会史——ヨーロッパとアメリカにみる教育・福祉・国家』北本正章訳、新曜社、二〇一三年

(31) ここでいう博愛団体（フィランソロピー）は、恵まれない人々をただ援助する慈善（チャリティー）ではなく、社会改良を意図する集団のことを指す。

(32) 前掲『家族に介入する社会』。なお、ヨーロッパの子ども社会学では、子ども研究につきまとう二分法を逃れ、子どもを人と物と言説のネットワーク、生物学的・技術的・社会的な水準のハイブリッドとして捉え、かつその複数性を自覚することを主張するアラン・プラウトのような視角が提起されている（アラン・プラウト『これからの子ども社会学――生物・技術・社会のネットワークとしての「子ども」』元森絵里子訳、新曜社、二〇一七年）。ただ、この視角では、近代に矛盾を含みながらも一定の子ども観が広まったという歴史を描く視座は得られない。それに対し、デビッド・オズウェルは、プラウトが参照したアクターネットワーク理論やジル・ドゥルーズ由来のアッサンブラージュといった概念に加え、フーコーの統治性論やジョルジョ・アガンベンのインファンシー論を参照しながら、複数的な子ども観の近代的な結節の仕方と、親密性や労働や連帯のあり方が変化した現代での変容とを描くことを提案している（David Oswell, *The Agency of Children: From Family to Global Human Rights*, Cambridge University Press, 2012.）。そこでは、近い視座に立つ、ローズ（前掲『魂を統治する』）とドンズロ（前掲『家族に介入する社会』）を頻繁に引用している。

(33) 前掲『家族に介入する社会』七ページ

第1章　「稼ぐ子ども」をめぐるポリティクス
――児童保護をめぐる多様な論理

元森絵里子

はじめに

「子ども」と「大人」を分ける基準は何だと思うかと問われたとき、現代日本では、学校に通っている／働いている、生計を親に頼っている／経済的に自立しているといった区分をあげることは、そうおかしなことではないだろう。日本では働いて自分でお金を稼ぐようになったら一人前という感覚は根強く広がっている。義務教育期間中の子どもは働くべきではなく、「児童労働」はあってはならないという規範も浸透しているだろう。

ただ、「児童労働」を撲滅し、子ども時代は家族に守られ、教育を受けられる時期とすべきだという この感覚は、普遍的なものではない。フィリップ・アリエス『〈子供〉の誕生』[1]やエドワード・ショーター『近代家族の形成』[2]を嚆矢とする社会史が広めたのは、子ども期には労働せず、性的なものから遠ざけられ、家庭で愛され、学校で勉強するという「常識」、また、いまにつながる子どもに対する「感覚」や「心性」は、近代社会になってから「誕生」したものだという知見である。十九世紀後半以降、公的な義務教育制度が整備されるのに並行して、都市のホワイトカラー層(新中間層)が、学校的知識と学歴という資格を介して職業と婚姻相手を選び取る人生設計を早くに内面化し、性別役割分業と子ども中心主義、ロマンチックラブと母性愛に基づく近代家族を形成していったという歴史像は、いまや通説になっている。

その先には、「子ども/大人」＝「保護・教育/就労」という感覚が、国民国家の教育制度や都市新中間層の近代家族とともに登場し、広まり、現時点で規範化・常識化しているという歴史が描けるかもしれない。もちろん、働かない子ども期を実現するには、学校教育制度の充実だけでなく、子どもの雇用や使役を禁止する法制度の制定が関係していて、それも含めて、子どもを労働から引き離し、保護し管理し教育する複数の一連の「近代的子ども観」が次々と「誕生」して制度化されることを通して、より広範な層へと広がっていったという解釈は可能である。

しかし、年少者の雇用や使役の禁止を定める際の議論や、法制定後の取り締まりの実態をみると、そう単純ではないことがみえてくる。本章では、日本の戦前期の工場労働への雇用と曲芸への使用という、年少者が働く/働かされる、稼ぐ/稼がされることをめぐる諸言説から、この立体的な構図を描き直すことを試みたい。

序章「子ども観の近代性と多様性への視角――「誕生」図式を問い直す」（元森絵里子）で、ジャック・ドンズロとジル・ドゥルーズ[3]の比喩が、複数の「線」の「複合体」とそこから逃げていく「逃走線」の交錯として、近代的子ども観の「誕生」を捉え直すヒントを与えてくれると述べた。ここでみたいのは、単に「児童労働」の禁止、ないし、「児童保護」（戦後の「児童福祉」）という「線」の「誕生」ではない。すでに「誕生」していた都市新中間層的子ども観という「線」にそれらの新たな「線」が加わり、取りこぼされた子どもたちが順に近代的子ども期に包摂されたという「複合体」の「誕生」を描きたいのでもない。そうではなく、そのような「誕生」図式に落としたくなるような歴史の一側面を、いくつかの「線」の葛藤やすれ違いとして描き直してみたいのである。

1　多様な論理の存在――児童保護規範の浸透図式を問い直す

現代日本では、労働基準法（一九四七年制定）の第六章（第五十九条から第六十四条）が、「最低年齢」（十五歳未満の雇用禁止）をはじめとする、年少者の雇用禁止と労働形態や時間上の制限などの基本ルールを定めていて、児童福祉法（一九四七年制定）の第三十四条が、見せ物やこじき行為、軽業・曲馬などに使役することを禁じている[4]。これらのもとになった法は、一九一一年（明治四十四年）制定の工場法と、三三年（昭和八年）制定の児童虐待防止法である。工場法は、十二歳未満の雇用禁止（第二条）と十五歳未満（と女性）の労働時間制限（十二時間以内）と深夜業禁止（第三条と第四条）を定めていて、二二年（大正十一年）に改定されている。児童虐待防止法は、軽業・曲馬（大道芸とサーカス）、門付、大道芸のうち「虐待」の可能性がある場合の使役を条件つきで禁止・制限することを定めている（第七条）。

兒童保護法制定＝内務省新企畫

図1　児童保護法制定計画を報じる新聞記事
「工場法に依り保護せられたる児童」が対象に含まれている
（出典：「東京朝日新聞」1921年6月23日付）

労働基準法の前身である工場法が制定された一九一一年は、一八七二年（明治五年）に発布された学制からの模索を経て、一九〇七年（明治四十年）に尋常小学校六年の義務教育がついに完成した時期であり、子どもの教育に熱心な近代家族が登場し広がり始める時期である。工場法制定前夜に、新聞紙上で、小河滋次郎が工場労働を「児童虐待」という「社会問題」だと述べて「児童保護」のための法として工場法の制定を強く主張し(5)、制定直後に、倉橋惣三が工場労働から曲芸までを「児童労働」と名指して「救済」を呼びかけている。[6]いわば、教育史・児童福祉史の重要人物たちが「クレーム申し立て」をしたのである。この延長線上に、大正期（一九一二―二六年）に「児童保護」の法や施設に関する議論が進み（図1）、総合的な児童保護法の制定は戦後児童福祉法を待たなければならなかったものの、その一部ともいえる児童虐待防止法が三三年（昭和八年）に制定される。

これをみると、確かに、近代家族が広がり始め、学校教育に大多数の年少者を包摂したころ、そこからこぼれ落ちている層の「児童労働」が社会問題化され、まず近代的な労働形態である工場労働を制限する法ができ、遅れてより悲惨な最下層のなりわいに使役されている（「虐待」されている）子どもたちを救済・包摂するための法ができた、という単線的な歴史にもみえてしまう。だが、より多角的にみれば、そのような一面的な見方とは異なる現実もみえてくる。

そもそも、工場法や児童虐待防止法につながる「児童労働」「児童虐待」の社会問題化の論調が明確に現れるのは明治末期（一九一〇年前後）だが、工場法につながる法制定の議論自体は明治十年代（一八七〇年代後半から八〇年代後半）にさかのぼることができる。そのころの議論をみれば、児童の労働を忌避する感覚も、児童保護が肝要だとする発想も自明ではない。例えば、学制から五年後の文部官僚の視察の記録は、学制が理念として定めた八年の就学は、「貧民」の子どもの貴重な（つまり、働けば収入を得られる）時間を奪うことになり、実情に合わないと批判している。

下等貧民の子弟に至ては彼の有価有用の時間を費やし学ひ得る所の者は唯普通法令の大概を解

すへき丈けの読書力を得るの大に他人の妨害を為さすして自己を守るの大体を知し得るに過きされは明かに八年間の就学を要せす(7)

このあと、明治二十年代から三十年代(一八八〇年代後半から一九〇〇年代後半)に学校教育が定着していく過程で就学の妨げになる就労が問題にされ始めるが、四年間の義務教育の無償化をようやく達成した第三次小学校令(一九〇〇年)でも、雇用者に対して、尋常小学校未修了の学齢児童を雇用する場合は、その雇用によって就学を妨げてはならないと定めるにとどまっていて(第三十五条)、就労そのものは禁止していない。つまり、年少者は就学すべきという理念とそれを実現しようとする制度の誕生が、児童労働の問題視という子ども観の誕生と児童労働の規制のための法制度の希求に自動的に結び付くものではないことがわかる。

また、工場法の制定論議は教育整備と並行して明治十年代(一八七〇年代後半から八〇年代後半)からおこなわれていて、当初の議論は「児童保護」のためとはおよそ言い難い。加えて、根強い反論によって制定まで三十年を要した過程をみれば、児童保護に連なる歴史とはまったく異なる多様な論理がみえてくるだろう。

さらに、児童保護の立法としてみるには、工場法はあまりにお粗末である。法が適用されるのは、十五人以上雇用する工場だけだった。工場法制定当時、学齢児童総数四百五十七万人のうち十一万五千人(学齢児童の二・五%)が貧困などを理由に就学を免除・猶予されていたが、そのうち工場で働く学齢児童は五万人(同一・一%)、法の適用工場に雇用されている十二歳未満の者は男子九百八十一人、女子四千五百三人（同〇・一％：男女計）にすぎなかった。[8]この数字だけみても、工場法が、現代的な意味での「児童労働」を問題化する発想を全面的に体現する法とはおよそ言い難いのである。雇用禁止を定めたはずの第二条には「軽易なる業務」には十歳以上は就業可という例外があり、第三条と第四条については、施行後十五年の猶予期間が設けられている。さらに、夜業禁止規定に反発する資本家の反対によって、そもそも法が施行されたのは制定の五年後の一九一六年（大正五年）であった。

児童虐待防止法も、総合的な児童保護法の理念のはるか手前といえる内容で、議論の末、軽業・曲馬などへの使役の全面禁止ではなく、虐待のおそれがあり、かつ必要があると認められたときという実効性の不確実な規定になっている。実際、戦後に児童福祉法の立法を議論していた時点でも、サーカス団に年少の団員がいて、なかには身寄りがない者もいると報告されている。[9]

このように列挙してみただけでも、児童保護の理念を掲げたかにみえる法が制定されても、その理念とは程遠い意見や使役の実態があったことは疑いない。学校教育の確立や近代家族の成立といった側面や、「児童保護」の社会問題化と法制化といった側面だけからはみえてこない、雇用・使役したい側の論理と、それを観覧して消費する欲望や、悲惨ながらありふれた光景として流しみる日常感覚が残っていたのである。

では、工場法制定に至る長い議論のなかで、推進派の年少者の雇用制限に関する論理はどのようなものであり、反対派の論理はどのようなものだったのか。法制定の際に反対論はどう調停された／されなかったのか。軽業・曲馬に従事する年少者たちを社会問題化する議論を横目に、そうした芸能が誰によってどのように表象され受容されていたのか。以下では、これらを具体的にみていくことで、「児童保護」の社会問題化・法制化による近代的子ども観の浸透という一面的な「誕生→浸透」図式を脱し、より立体的な子どもの近代を描き直していく。

2 子どもを働かせない理由/働かせる理由——工場法の年齢規定

工場法は「児童労働」からの保護なのか

一般に、工場法につながる議論の出発点は、一八八一年(明治十四年)の農商務省の創設に見いだされる。翌年に設置された工務局調査課が、諸外国の事例を収集し、職工・徒弟との雇用契約を取り締まる立法を目指し始める。この立法を推進する側と反対する側でどのような議論があり、どのような年少者像をぶつけあったのだろうか[10]。

立法を推進する(クレーム申し立てする)アクターは、一貫して諸外国同様の工場法制を制定したい農商務省であった。それに、工場主である資本家層が抵抗するという構図で議論が進む。工場法をめぐる議論は、近代国家の体制整備期に、法を制定すること自体に意味を見いだす国家官僚と、貧困層の年少者を現実に使役している資本家層という、ともに近代的なアクターの間の、年少者の処遇の理念と現実をめぐる攻防だったのである。そのせめぎ合いの過程を、主として審議過程の議事録類から追っていく。

図2　マッチ工場で働く少女（北海道大学付属図書館北方資料室蔵）
（出典：歴史教育者協議会編『日本の子どもたち――近現代を生きる 明治から大正・昭和へ』〔「写真・絵画集成」第1巻〕日本図書センター、1996年、26ページ）

帝国議会創設以前のため、商工会や農商務省主催の工業振興に関わる会議で諮問を繰り返すが、初期の案から、年若い職工や徒弟の雇用を制限する項目も含まれている。例えば、一八八五年（明治十八年）の第三次勧業会の諮問では、八歳未満と十六歳未満の就学義務未了者の雇用禁止や八歳から十六歳の労働時間制限などが提案され、非現実的という反発を招いている。[11] この初期の試みについては、一九六〇―七〇年代以降の経済史では、労働者保護法案というよりは、江戸期由来の親方と徒弟の信義関係（「情誼の関係」）が成り立たなくなるなかでの、労使関係の調整法の提案だったとみるのが定説になっている。[12] つまり、工場法自体は、「児童労働」を社会問題化するという発想から着手されたものとは、およそいえないのである。

とはいえ、早い段階から年少者に関わる項目が含まれていたように、年少者の雇用を制限しなければならないという発想も立法推進側にあったことはうかがえる。文部省も、年少者が長時間労働に従事させられないような規制法を早くから要求[13]していて、学校教育を成立させるには、その裏面として年少者の就労を規制する必要があるとは認識されていた。

同時に、それに反発する雇用者たちの発想も、当初から明確にあったことがうかがえる。一八八七年（明治二十年）の「職工条例案」「職工徒弟条例案」では、十歳未満の工場雇用禁止、八歳未満の徒弟使役の禁止とその上の年齢層の労働時間制限、さらに、工場主が義務教育を免除されていない未修了の者を通学させたり教育したりする義務[14]が盛り込まれるが、この項によって、雇用関係調整法自体は歓迎していた資本家たちが、明確に反対ムードに転じている。

「児童労働」という概念自体が確立されていない時期に、欧米を参照した近代的な労使関係調整法のなかに、年少者の取り扱いが埋め込まれた。それをめぐって、一方で、年少者の雇用を制限して学校に通わせるべきという発想が入り込み、他方で、そ

図3　ビン製造工場で働く少年
（出典：同書27ページ）

れでは工場が成り立たないという反論が強化されるという、せめぎ合いの構図が形成されたことがわかる。

子ども観の複合体のレトリック——保護・教育・社会化・社会予防

義務教育制度が確立されてくる一八九七年（明治三十年）前後になると、推進側の論理は、子ども観の「誕生」とも読み解くことができるような、明確な論理をとり始める。

まず、一八九六年（明治二十九年）の第一回農商工高等会議の審議の冒頭、農商務省の官僚は年少者の雇用禁止が必要な理由を以下のように述べている。

今幼者を製造所内に使役するに由て生する弊害を考ふるに（一）身体の発達を妨け健全なる人間となる能はさるに至らしむること（二）普通教育を受くるの暇を失はしむること（三）工業的智識を養ふの暇なからしむること（四）家族の撫育に由て人倫の道を感得し徳義の種子を培養すること能はさること（五）以上の結果として遂には一国工業の一大要素たる労力を羸弱ならしめ教育と徳義なき賤民を増し社会に害毒を流すこと等は其重もなるものとす(15)

幼少期から工場で働かせると、①身体の発達の保護、②普通教育、③工業に関する専門教育、④家庭教育を受けることができなくなり、⑤労働力として国家を支えられず社会に害をなす者になるというのである。もちろん、この論理を本気で信じて「子どものため」や「教育制度確立のため」

に語っていた論者もいれば、世界の潮流として定めなければならない工場法を立法するための方便として用いた者もいるだろう。資本家の説得のためという意味も含めて、先進国として、目先の利益を求めて労働力を酷使することなく、資本家と労働者の利益を調和させ、「国家の工業」「工業百年の計」の基礎を築く必要があるとか、「工業の発展のため」にこそ年少者の保護と教育が必要だといった論理も、頻繁に使われている。(16)

重要なのは、世紀転換期の児童研究の影響も感じさせる「発達」「保護」「教育」などの語彙、「学校」「家庭」という子どもがいるべき空間のイメージ、「社会化」と呼べそうな子どもの成長を国家・社会の秩序と関連づけ、その失敗を予防しようとする社会政策的発想など、現代からして典型的とみえる子ども観のいくつかの「線」の「複合体」と呼べるような年少者に関する規範が編み上げられ、少なくとも立法の説得力を増す意図で参照されているということである。

これに対して、資本家層の議員は、「早計である」「工業の発達を阻害する」などと激烈な抵抗を示している。当時は、日清戦争（一八九四―九五年）に前後して、資本主義が発達し、労働争議が起こり始めた時期である。労働争議を予防・調停する必要から雇用関係調整法の制定論議には加わるが、過度の制限をかけられると利益が出せないのである。

そこで、農商務省商工局は、一八九七年（明治三十年）に、初の実態調査を報告する小冊子『工場及職工ニ関スル通弊一般』を発行し、工場の過酷な労働の実態をエスノグラフィー風に描き出す。ここではじめて、法を制定して規制されるべき「実態」が切り出されるのである。九八年（明治三十一年）の第三回農商工高等会議では、具体的な条文を記した法案が提出されて議論されるが、この際、農商務省は、ここで示したような実態調査を盾に、放置は国家の利益に反すると主張している。それによって、前回以上に労働者保護が工業の発展のため、国家の利益にもなるという点を強調して資本家層に訴えかけるのである。

しかし、この会議の議論も、資本家層の「工業の衰退を招く」「国家のためにならない」という反論で実を結ばない。そこで、政局の混乱で法案の帝国議会提出が見送られている間に、農商務省商工局は、一九〇二年（明治三十五年）に『工場調査要領』、〇三年（明治三十六年）に『職工事情』という実態調査報告をまとめ、成人を含む職工の大半が無教育であることを新たに報告するに至る。そこでは、「幾多の学齢児童か国民教育を受くることなく夙に悪感化を受くるは最憂ふへし[17]」と、工場は年少者に「悪感化」を及ぼすことを強調し始めている。さらに、工場での労働には知能の発育と規律訓練が重要なので普通教育を受けてから就業すべきであり、「職工の無教育なる結果として工業上の不利益甚大なり[18]」と述べている。こうして、教育を受けないこと自体が問題であり、工場での労働は単に年少者を無教育状態に放置するにとどまらず、年少者に成人期まで続く悪影響を与えうるという新たな論理が加わっていくのである。

実態調査や統計が政策の根拠（エビデンス）として要請されることは現代では見慣れた光景だが、調査や統計自体、近代的な知の形式であり技法である。アンドレ・ターメルは、十八世紀には哲学的考察として現れたにすぎなかった子どものイメージが、十九世紀末以降に、発達に関する理論、統計や実態調査という標準化と分類の技法が生み出されるなかで「標準的子ども」像となり、法や制度の根拠になっていくさまを明らかにしている[19]。農商務省が主張を強化していく過程には、ターメルの分析と同様に、短期間のうちに、児童の雇用を禁じる立法のためのレトリックが構築され、「実態」を切り出す技法を採用してそれが補強され、さらに手厚くレトリックが構築される過程をみることができるだろう。おもしろいことに、この時期の議論では、発達や知能に影響するという統計や科学的根拠を提出して立法の必要性を証明せよという議論を、反対派もし始めている。「実態」は客観的実在ではなく、様々な意図や関心によって切り出され、利用されるのである。

こうして、並行して整えられていた学校教育制度とも関係し合いながら、「子ども」はこういうもので（発達途上）、こう処遇されるべきで（身体の保護、教育）、そうでないとこのような問題が起こる（非行、社会化不全、国家社会の不利益）という一連の感覚が結び付けられ、「実態」を可視化する技法とも支え合っていく。それは、多様な「線」が「複合体」のように緊密に結び合っていくという意味での子どもの「誕生」とみえる、きわめてわかりやすい歴史である。

異なる論理——安価で有用な労働力

だが、ここで注目すべきは、この現代からみてわかりやすい賛成派の論理に対して提起される、反対派のレトリックである。資本家たちは一貫して、「工業の発達を阻害する」「工業の衰退を招く」と反論している。その際の当初のレトリックは、年少者を保護し教育すべきで、そうしないと非行に走って社会に害をなすとみる感覚とは、端的に異なっている。

前述の第一回農商工高等会議（一八九六年）の象徴的な場面として、日本の資本主義の草創期のキーパーソン渋沢栄一の発言をみてみよう。

夜業はゆかぬと云ふことは（略）学問上から云ふとさうでござりませうが、併し一方から云ふと成るべく間断なく機械を使つて行く方が得である、之を間断なく使ふと云ふには夜業と云ふことが経済的に適つて居る[20]（傍点は引用者）

これは最低年齢をめぐる議論ではなく、その上の年齢層の深夜業禁止について反対する際のものだが、「経済的に適つて居る」という表現が露骨なためあえて引用した。資本の論理は「損か得か」「経済的か否か」なのである。そこでは、労働者は機械と同等の生産力の一部である。昼夜問わず操業していたほうが「得」という論理に、人間の身体の保護の発想が入る余地はない。そして、非熟練の年少者は労働力のなかでも安価である。

近代になって登場した産業である工業は、このように年少者を、単に相対的に安価な目下の労働力（マンパワー）として組み込んできたのである。この時期にはすでに工場労働の重要な担い手になっている年少者の雇用制限は、資本の論理からすれば不経済であり、およそ採用することができない。その結果、年少者を「大人」とは異なった処遇が必要な「子ども」として特別に切り分けず、単に相対的に安価な労働力と見なすレトリックが、有力者によってあからさまに語られてしまうのである。

ただ、ここまで露骨な発言はすぐにみられなくなっていく。次の第三回農商工高等会議（一八九八年）では、反対派は、本来は年少者の身体を保護し教育を受けさせるべきだが現実問題として難しいとして、推進派側の論理をひとまず肯定し始める。

> 今日の日本の貧民社会は一日の間永い時間労働して、漸く生活して行くのであります、成程固より健康に害ある事は避けて、仮令貧民でも教育を受けさせたいのは山々ですか、背に腹は替へられぬ[21]（傍点は引用者）

さらに一歩進んで、学校に行けない貧困層の年少者を浮浪・非行から守って社会化する役割を工場が担っているという議論もされている。いま規制法を作っても、貧困層が教育を受けさせる余裕はないので、「却ってさう云ふ者を遊ばして置けば害をする」[22]、年少者が工場で働くほかにすることは「何もないから又仕舞ひには道路に立て警察の厄介にならう」[23]。さらに、幼いころから働けば、賃金はわずかでも、「子供の内から工業心が起つて居る」[24]とまで述べる場面がある。家庭と学校で包摂できない層がいる以上、それを工場が受け入れることに社会防衛上の意味があり、工場が社会化機関ともなりうるというのである。

資本家たちは、年少者は有用な労働力であり、工業セクターとしては手放せないという論理を潜在的にはもちながら、公的な場でそれを主張しづらくなる。そこで、保護や教育の必要性を肯定したうえで、学校とは別の社会予防と社会化の担い手として工場を位置づける。確かに、工場労働の実態が苛烈なものであることをおいておけば、幼少時から現場で徒弟修業をするという人材養成・社会化のあり方自体は歴史上珍しいものではないだろう。こうして、推進派側が依拠する近代的な子ども観（「複合体」内部の論理）の一部が、そのための立法に反論し、年少者を使役し続ける理由に流用されるのである。[25]

同様に、就学できず働かないと生きていけない層の実態調査も、工場に包摂する意義を主張する根拠として流用されている。そして、実は、この流用に対する農商務省の答えが、工場は社会化機関ではなく非行化させる（悪感化の）場であり、社会予防のためには工場労働を禁止して学校に行かせるべきだという、先にみた『工場調査要領』のレトリックなのである。こうしてレトリックや力関係の変化をはらみながらも、推進派と反対派の議論は平行線をたどる。

法案成立に向けて事態が動いたのは、推進派の子ども観が反対派を説得できたからではないように思われる。政局の混乱のなかで、第三回農商工高等会議を経た法案の帝国議会提出が見送られている間に、資本主義が高度化してくるのである。

『工場調査要領』では、十四歳未満は職工総数の一〇％強（うち八二％が女子）だが、十二歳未満や十歳未満は、そのなかでもかなり少ないことが明らかになっている。反対派の中核だった紡績・織維業では、紡績工場で「九歳十歳位の者亦之無きに非す」と述べている程度である。幼者の雇用が多いと述べているたばこ工場、印刷工場などでも「十歳未満の幼者は極めて稀なり」とあり、わずかにマッチ工場で乳幼児連れが多いことを指摘しているだけである。[26]『職工事情』でもほぼ同様の結果を報告していて、低年齢の職工については、しばしば母や姉についてくるだけだと述べている。[27]つまり、現実問題として、法案が審議している義務教育年齢相当の子どもたちの雇用ニーズ自体がなくなってきていたのである。操る機械が高度で複雑になれば、一人の労働者が生産できる製品の量が増えると同時に、あまりに低年齢の子どもでは操作が難しくなる。彼らは有用な労働力ではなくなりつつあったのである。そのため、資本家陣は、工場雇用の最低年齢を定めること自体には反対しなくなっていく。

結局、資本家側の論理は「人は労働力」というものであり続けている。技術変化によって有用な労働力といえなくなった幼すぎる年少者たちは、端的に不要なのである。自分たちにとって不要の層は、学校教育が包摂してくれてもべつにかまわないといっているにすぎない。ここに、「誕生→浸透」という大まかすぎる図式の陰にあった、それとはまったく別の、年少者を「子ども」としてくくりださないまなざしが確かに見て取れる。

残る別の論理、すり抜ける実態——教育／労働の区分と移行の規範化の陰で

工場法は、日露戦争(一九〇四—〇五年)で立法が棚上げになり、第二十六回帝国議会(一九一〇年)を経て、翌年の第二十七回帝国議会で成立する。この間に義務教育が六年に延長されたため、最低年齢を十歳未満にするか十二歳未満にするかで紛糾した結果、原則十二歳未満、軽易な作業は十歳以上でも可という、曖昧な線引きをすることになる。

線引きに際して、推進派では、身長や体重などの生物学的「発達」に関するデータを根拠としようとする姿勢が強まっている。さらに、実年齢による線引きは、年度末の義務教育修了と一致しないため、十二歳未満と十三歳未満のどちらが望ましいか、義務教育修了という条件をつけるべきかといった議論を展開している。学校制度とも整合性をつけ、さらに統計的根拠を増強するというよ

うに、「子ども」観の「複合体」はより強固になっていく。

反対派は、小さすぎる子どもは使わない（使えない）が、では何歳から使いたいかという駆け引きをすることになる。「軽易な作業」とは、燐寸《マッチ》工場のような幼者をまだ必要とする業種に配慮したただし書きである。さらに、中等教育が義務ではなく、繊維業などの工場労働にティーンエージャー女子の使役が不可避だったこの時代に、深夜業と労働時間制限の対象年齢をめぐっては、当然のことにさらに紛糾する。最終段階で農商務省側が譲歩し、対象年齢を十六歳未満から十五歳未満に下げている。(28)

工場法はさらにその後、農商務省のあとを引き継いだ社会局の主導で改正されることになる。第一回国際労働会議（一九一九年）で「工業ニ使用シ得ル児童ノ最低年齢ヲ定ムル条約」が十四歳未満の雇用の原則禁止を定めたため、日本は、例外規定で十二歳以上の義務教育終了者の雇用を認めるかわりに、現行法の改正を要求されたからである。一九二二年（大正十一年）に可決された改正工場法と工業労働者最低年齢法は、十四歳未満の雇用禁止と義務教育修了の十二歳以上の例外的雇用の容認、十六歳未満の深夜業の禁止を定め、零細工場も含む全工場に適用することになった。

ここでも工場法制定時同様の構図の攻防が繰り広げられる。国際社会の要請だからと社会局が押しきるが、資本家側は、現代の目でみたらまだ「子ども」と思われるティーンエージャーを、安価で有益な労働力としたかったことがうかがえる。

興味深いのは義務教育修了者の雇用を認めるという留保条項をめぐる議論であり、年齢基準の引き上げに積極的な立場から、低年齢の使役を可能にする留保条項をつけることへの反対意見が寄せられている。それに対する社会局の応答が印象深い。

今日に於ては一年若くは一年半と云ふものは、労働にも行けず、学校を卒業してからぶらぶらしなければならぬ（略）保健衛生の立場からは、成べく年齢の高い方が宜いのでございませうが、社会問題其他子供の就業の問題と云ふやうな点、並に産業問題等も考へまして、此例外規程を設けられたのは、是は已むを得ない事ではないかと考へて居ります(29)（傍点は引用者）

当時、義務教育を先進国標準になりつつあった八年に延長することが検討されたものの、予算上の問題で実現に至っていない。そのため、本来は留保条項がないのが望ましいが、義務教育が六年のうちは、十四歳未満だけを境界にすると「ぶらぶら」する期間ができてしまい、社会問題になるというのである。教育に包摂できないならば工場で雇用したほうが社会に害をなさないというのは、一時期の資本家が流用したレトリックである。教育制度をすぐに延長はできないという現実的制約のなかで、法改正推進派が、同じレトリックをよりラディカルな児童擁護論者に反論するのに用いているのである。

こうして、表面上は、学校から就労へという順序と両者の間断なき移行が規範としても制度としても整備され、「子ども」の「複合体」は、段階的に「誕生」し、階層的に下の層に「浸透」させる法制度が整えられたかにみえる。工場法の適用実態を記した『工場監督年報』で児童労働の消滅が宣言されるのが一九二八年（昭和三年）である(30)。同じころ、男子の小学校卒業者が九〇％以上になり、明治末期（一九一〇年前後）以降、高い就学率の裏に存在していた小学校を「中退」していたケースがようやくほとんど消えたことになる。[31]「児童労働」はありえないという感覚や、教育を受けてから就業するという戦後日本社会の常識は、こうして、あたかもそれが理念として先にあったかのように定着していくのである。しかし、本節でみてきたように、その歴史の陰には、常に一貫して、経済的に安価な労働力として年少者をまなざす論理が残り続けている。

3　「憐れな子ども」の社会問題化と消費——曲芸する子ども

この近代的子ども観の多様性の外に明に暗に存在する、年少者を保護され教育されるべき「子ども」とはみない論理は、雑業層ではもっとはっきりと残り続けている。そして、それを問題にする「児童保護」の論理が立ち上がっていく一方で、保護されていない子どもの存在を自明視する向きが残り続けていた。本節では、引き続きこの雑業層をめぐる議論をさらにみていくことで、より雑多な近代を明らかにしていく。

軽業・曲馬は「児童虐待」か

近代セクターである工場労働をめぐる議論は、一般の人々とは隔絶したところで、省庁が発案し、国家官僚と学者や財界人が議論を繰り広げる類いのものだった。それに対して、「軽業・曲馬」（大道芸・サーカス）というのは、そのような近代的な労働とはおよそいえず、かといって共同体に根差した労働でもない。親方に連れられ各地を流浪しながら芸を披露し、主として都市で小銭を得ることを目的としたニッチななりわいであり、担い手は社会のアウトサイダーである。児童虐待防止法（一九三三年）によって、児童の軽業・曲馬への使役が「虐待」（対応するイギリス法の cruelty の訳語でもあり、現代でいう「残酷」の意味）とされたことは、このようななりわいに児童を従事させることが「児童労働」であり「虐待」「残酷」であるという子ども観が「誕生」したとか、働くことを規制して都市新中間層的な子どもらしい子ども期を行き渡らせる動きが、工場法から始まり最下層の子どもたちにまで「浸透」してきたといった解釈で読み解けるかもしれない。

しかし、曲芸をしながら（させられながら）流浪する子どもたちは、人身売買も想起される悲惨な労働形態であるかもしれない一方で、江戸期からまちの風物として存在していた。そのために、大衆にさげすまれると同時に愛され、様々に表象されてきた。社会問題化の視線とは異なる、見せ物や風物として消費するこれらのまなざしを追っていくと、「誕生→浸透」論ではみえてこない、かつ工場法論議よりも多様で、現代にもつながるような、社会事業家と庶民の間、地域間や階層間ですれ違う、錯綜した年少者へのまなざしがみえてくる。そのすれ違いの様相を、新聞記事や論考で、どのようなアクターが何を論じているかをみることで明らかにしていく。[32]

児童虐待防止法制定期以前、「軽業・曲馬」といえば「角兵衛獅子」だった。越後蒲原地方月潟（現・新潟市南区月潟）の農閑期の副業に由来するとされる、二次性徴前の子どもが獅子頭をつけて、親方の口上や太鼓に合わせて逆立ちやえびぞりなどの軽業を披露する渡世稼業である。

演じ手が幼いことは、身軽さや柔軟性を要とするこの芸に不可欠なことであり、興行上のアピー

図4　角兵衛獅子を風物として報じる英字新聞
（出典：「The Far East」1871年5月16日付）

ルポイントでもあっただろう。ただ、江戸期にそのことが「虐待」「残酷」というまなざしで見られていたかはわからない。大道芸人が家々を回る門付けが物乞いと神事のどちらともとれるものであるように、単なる下層の者の物乞いとも言いきれない要素があるだろう。(33) 江戸末期から明治期（一八六〇年代後半）には、軽業師・曲芸師たちがたびたび欧米を巡業し、角兵衛獅子の少年たちも渡航しているが、それは芸の披露であり、そこに「残酷」「虐待」という暗さはない(34)。

これを明確に「問題」として切り出すのは、近代のまなざしである。一八七一年（明治四年）五月十六日の「ザ・ファーイースト」(35)紙の記事では、横浜の四人の幼い角兵衛獅子の写真を載せ、幼い子は四歳くらいに見えることや教育を受けていないこと、独立採算ではなく親方のもとに買われてきた子であることなどに言及している（図4）。開化の時代の外国人のまなざしは、低年齢、無教育、人身売買の三点を問題としていたことがわかる。

通称「娼妓解放令」として知られる一八七二年（明治五年）の太政官布告第二百九十五号は、「人身売買」と「年季奉公」を「人倫に背く」と禁止し、「娼妓・芸妓等年季奉公人、一切解放致すべし」としている。この際に、芸娼妓に加えて角兵衛獅子が槍玉にあがる。同じ年には、学制が発布され、義務教育制度が始まろうとしていた。同年、東京府は、解放令が行き届いていないので角兵衛獅子の調査をするように命じ、角兵衛獅子稼業の新規開業禁止、猶予期間のうちに幼児でも体に害がない職業につかせるべきことを布達している[36]。

初期の日刊紙は、「開明の時に際し」「学業は固より商業の道も知らす身体柔弱殆ど廃人の如きに至らしむるは実に哀れむべし[37]」などとあおっている。「売られた子」や「捨てられた子」が「鬼のような親方」に「酢を飲まされ」訓練させられる、「人倫」の問題だといった表現もみられる。ただ、「児童虐待」や「児童労働」という言葉はまだ用いられず、国外のまなざしをなぞりながら、おもしろおかしく報道するにとどまっている。他方で、幕末から明治期（一八六〇年代後半）には、単に日本の風俗として角兵衛獅子を紹介する外国語記事や書籍もいくつもあり、国外のまなざしでも、子どもの獅子舞というオリエンタルな風俗として消費されてもいる。

これが、どのようにして問題化すべき「児童」の「虐待」「労働」とする論調へと変化していくのだろうか。そのとき、消費のまなざしは消えていくのだろうか。

「憐れな子ども」の社会問題化——工場法から児童虐待防止法へ

一八八五年（明治十八年）から九七年（明治三十年）ごろにかけて、親方の折檻や迷子や逃亡に関する新聞報道がいくつかみられる。親方が鬼のようだという定番の表象も多い。また、一時期すたれたはずの角兵衛獅子が人の喝采を受けて増加したという事実報道もある。[38] 加えて、下層社会のルポルタージュが登場し始めるこの時代に、貧困層の一類型として角兵衛獅子が描き出され始める。[39]

しかし、逃亡した「獅子」を親方のもとに戻したという記事もあり、その待遇を社会問題化したり、子どもを保護し親方を取り締まるという方向には進まない。また、越後の「名物」「風俗」として、その由来を解明・解説しようとしている書物もある。[40] 現代的な目でみれば悲惨な実態を描き出しているかのような報道がありながらも、報道を消費し、風俗として消費するという傾向も続くのである。

このような消費のされ方をしていた事実報道が、明確に社会問題化に結び付くのが、明治四十年代（一九一〇年前後）である。新聞報道では、事実描写の際に「憐れ」「可憐」（当時の「可憐」は「憐れ」の意味）という形容詞が頻出するようになる。また、「虐待されて飛び出したる」[41]「聖代に人身売買 悲惨なる角兵衛獅子 子供を種に食ふ親方」[42] のように、「子ども」に関する問題であり、「人身売買」され「虐待」されていて「悲惨」であると明確に描かれるようになる。そして、それが「人道」「人権」の問題であり、改良されるべきだという明確な社会問題化の論調が現れてくる。一九一二年（明治四十五年）の論説は、玉乗りと角兵衛獅子を槍玉に挙げる。

人道の上から観ると、何ふも珠乗や角兵衛獅子の類は、残忍なる芸当で有る、それを親子相携へて見物したり喝采するのは、甚だ気の知れ無い沙汰と謂はねばならぬ。（略）珠乗角兵衛獅子も亦た人の子で有る（略）若し彼等にして人権の何ものたるを解して居たならば、必ずや見物人に向つて、其無情を罵らずには居れまいと思ふ。[43]（傍点は引用者）

ここで、笹川は、前年に制定された児童労働の禁止法である工場法を拡充して、「此種の興行巡業を取締る必要が有る」として、フランスの「巡業に於て使用する幼者保護に関する法律」（一八七四年）を紹介している。[44]義務教育六年制が整ったこの時期、わずかに残る保護されていない子どもを、まず工場法で、次にそれをさらに拡充した法で、標準的な子ども時代に包摂していくべきという論調が成立したことがうかがえる。

その先には、このような「可憐」な子どもの状況が「児童虐待」であると定義され、それを根絶して、子どもを「救済」するという図式が描かれる。東京市養育院の機関誌の記事では、角兵衛獅子を玉乗りなどとともに、動物虐待法になぞらえて「児童虐待」だとしている。[45]「可憐な子供を喰物にすると云つたら、鬼のやうだが（略）角兵衛獅子の親方と云ふ奴も其の一だ」「彼等の常套手段は貧困者で子沢山の人間を見出して、其の弱みにつけ込んで僅かの金で買い取るのだ」「斯かる商売の一日も早く社会から絶滅されん事を心から希うのである」[46]と論陣を張る記事もある。若き日の倉橋惣三（幼児教育学者）は、「軽業興行の子供芸人お獅子ちよぼくれ何々節の大道芸人に幼い子供が使はれて居るのはその国の文明の恥とさへ思ふ」と述べ、「稼ぐ子供」の「叫びを是非聞いて貰はねばならない」として「救済の必要」を訴えている。(47)

これが立法へと具体化していくのは大正後期（一九二〇年代前後から）である。一九一八年（大正七年）、内務省に救済事業調査会が設置、翌年に「児童保護に関する件」が諮問され、「児童保護に関する施設要綱」が答申される。二〇年（大正九年）、内務省に社会局が設置され、二一年（大正十一年）の『本邦社会事業概要』で「継子、貰子の虐待、其他の放棄児童、獅子舞、軽業、其他傭ひ児童の虐使等を予防し、被虐待児童の保護を講ずることは亦極めて重要なり」(48)と明言している。ほかにもこの時期、法案の対象になる「虐待」として、「継子いじめ」「貰子いじめ」とあわせて、「角兵衛獅子」「見世物」「玉乗」「剣舞師」「門付」「曲馬団」などを列挙するようになる。(49)

一九三〇年（昭和五年）の「岩の坂貰い子殺し事件」などを契機に、「児童虐待防止法」制定の機運は一気に高まる。翌年、「児童虐待防止に関する件」が諮問され、三三年（昭和八年）に「児童」の「軽業・曲馬」への使用を制限する児童虐待防止法が成立する。

異なる実態——角兵衛獅子からサーカスへ

この一連の流れは、学校教育に象徴される標準的子ども期への年少者の包摂がかなりの程度進み、包摂しきれない層が残ることを「児童労働」「児童虐待」として禁止・制限する法制度の網の目が、まずは近代セクターである工場労働に及び、その次の段階として末端労働である軽業や曲芸をさせられる子どもに及んだという単線的な「浸透」図式にみえるかもしれない。

ところが、法制定以前に、社会問題化の流れが始まった明治末期（一九一〇年前後）には、実態としては、角兵衛獅子は消滅に向かい始めている。一九一一年（明治四十四年）に角兵衛獅子発祥の地と呼ばれる新潟県月潟村を訪れた記者は、「人の子供をかッ払つて、来て、之れに酢を飲ませて、柱に縛りつけて、獅子の稽古をさせるといふ現場を、此の月潟で突き止めて置いて、東京へ帰つた上、「新潟県下の一大人道問題」とか何とか題して、天下の世論を捲き返す積で、其の論文の冒頭迄考へて」月潟入りしたが、月潟には「親方が三四軒残つたきり」であることに気づく[50]。角兵衛獅子が社会問題化されていく過程で、その発祥地を糾弾しようというマスメディアの目があったことが興味深いが、社会問題化の視線が立ち上がり始めるのに前後して、江戸期由来の渡世稼業としての子どもの軽業が衰退し始めていたのである。社会問題化され立法に向けて動く大正後半（一九二〇年前後から）には、角兵衛獅子は、より明確に「滅び行く」もの、「古い伝統」として語られている[51]。

その際、「可憐さ」「可哀そう」という感情を掻き立てる「残酷」さが、角兵衛獅子から観客の心が離れ、必然的に衰退するに至った原因だとされている。

> ひつくりかへつて歩いたつて、それは別段特殊な興味をひくものではない。かへつて、痩せた少年に対する可憐さをそゝるばかりだ、——さういふ観客心理は、遂に角兵衛の衰勢を齎したのであらう[52]。

「よく仕込んだもんだ」と感心するよりも、「本当に可哀さうだ」と子のある者などは思はず涙が先に立つ。そこが又親方のつけ目と云つたやうな惨酷な趣があつたので、次第々々に廃れゆくのも尤もの次第である。(53)

「児童虐待」という社会問題が構築されるのに並行して、そうみえる芸能をもはや風物として消費しづらくなっていたことがうかがえる。

ただ、子どもの曲芸そのものが消えてなくなったかというと、そうではない。確かに、帝国議会での審議の議事録に、「角兵衛獅子」の語は貴族院の委員会で三回出てきただけで、それも、議員の幼少期は東京に角兵衛獅子がいたがいまは見なくなったというものだった。何より法案の文言では、人口に膾炙した「角兵衛獅子」のかわりに、「軽業・曲馬」という語が一貫して使われている。親方以下数人で都市を巡業する角兵衛獅子とは異なり、ここでいう「軽業・曲馬」は、一座を組んで多様な芸を見せる「曲馬団」をイメージしている。一九三三年（昭和八年）のハーゲンベックサーカス来日以降は、さらに、「曲馬団」のかわりに「サーカス」の語が普及する。

つまり、角兵衛獅子に代表される古い形態の子どもの曲芸は、社会問題化のまなざしや立法が及ぶ前にすでに消滅しているが、子どもの曲芸自体は消えていないのである。そして、「虐待」として社会問題化する以前は角兵衛獅子も芸であり風物だったように、近代サーカスにつながる「軽業・曲馬」も、それが芸なのか虐待なのかの線引きが難しいものだった。児童虐待防止法の立法時の議論では、マストに登ることもある海軍で軽業出身者は評価が高いことなどから、職業訓練上の意義もあり禁止すべきではないという意見が出される。すると、いわゆる芸事の厳しい修業と「角兵衛獅子のような」虐待の境界線はどこで見極めるのか、親のかわりに稼ぐ孝行を禁じていいのか、現実問題として取り締まりは可能かといった論点に議論が移り、結果として、「軽業、曲馬其の他之に類する危険なる業務にして主務大臣の定むるもの」に児童を雇用することを「何人といえども」禁じていた当初法案は骨抜きになるのである。児童の「軽業・曲馬」への使役は社会問題化されて法整備に結び付いたものの、実質的な効力はあやしい法文になってしまった。

このように、近代的子ども観の「誕生」「浸透」と角兵衛獅子の消滅の関係は単線的ではない。一方で、児童保護の観点から角兵衛獅子が消滅したというよりも、近代的子ども観に照らして消費価値が下がるなかで自然に消滅している。他方で、角兵衛獅子を「憐れ」な「児童労働」や「児童虐待」として社会問題化する言説が構築されているのと並行して、ときに「孝行」「職業訓練」といった近代的価値の言説を流用しながら、曲芸する子ども自体は温存されているのである。

消費の諸様式――都市新中間層の教訓・娯楽／地方の恥と伝統

このように、曲芸する子どもが工場労働の議論と異なっているのは、「人身売買」や「虐待」の要素が問題化される一方で、芸能や風物としての価値を一貫して否定しきれないことである。そこにこのなりわいが実態として残り続けてしまう要素があり、よくも悪くも、消費される側面がある。(54)

最後に、その新たな消費のされ方をみてみよう。そこには、中流から下層へ、都市から地方へと「子ども」に関する規範や実態が浸透していったという図式とはおよそ異なる、多様な感覚の錯綜がみえてくる。

まず、玉乗りや角兵衛獅子の社会問題化が始まる明治三十年代から四十年代（一八九〇年代後半から一九一〇年前後）に、都市新中間層向けの教育的な読み物のなかで、親もなく学校にも行けない「かわいそう」な獅子を引き合いに出しながら、勉強し親を困らせないようにしつけをする文章がみられる。

> 小さな獅子頭をかぶつて、太鼓をたゝき笛を吹き、二人またハ三人連れ立つて来る角兵衛獅子ハ、皆さんも見て知つてゐらッしやいませう。一昨日社へでますとき、十二三のが太鼓をたゝき、八歳か九歳ぐらゐのを二人連れ、歩いて居たを見ましたから、今日ハそのお話をしませう。
> かれ等ハ誠に可哀さうなもので、皆さん方のやうに、阿父さま阿母さま又ハ兄さま姉さまなどのお傍にゐて、学校へあげて戴いたり、お朋友と遊んだりすることハ出来ません。（略）鬼見たやうな親方に責め使はれて居る。
> 世の中にハこんな可哀さうなものもあるかと思へバ、皆さん方の御身分ハ、実に結構ぢやありませんか。能くダゞを捏て阿父さまや阿母さまを困らせて居らッしやる方もあるやうですが……それハ学校へも往かない子ですねえ。(55)（傍点は引用者）

ほかにも、裕福な家庭の子どもの挿絵を添えて、獅子の境遇を哀れんで施しをするような物語が流通している。[56]中流の人々にとって、「子どもらしい子ども時代」を享受できない獅子たちは憐憫の対象だが、社会事業家のようにそれを救済するとまでは思わず、その場の施しをして終わりか、せいぜい「恵まれた」家庭の子どもへの教訓に用いるのである。階層的な差異は絶対であり、そこを横断して彼らを「子どもらしい子ども時代」に包摂する発想はない。

この構図をもっと露骨に示すのが、「汚い」「病気がうつる」といった忌避の感情である。とりわけ、圧倒的な優位に立つ都市新中間層は哀れみ施す余裕があるが、そうでない層にその余裕はない。角兵衛獅子発祥の地とされる月潟村出身者は、戦後になって、少年の日の思い出として、消滅直前の明治末期（一九一〇年前後）の月潟の状況に言及している。そこでは、村の子どもたちは、「「獅子の児と遊ぶとひぜん〔疥癬のこと：引用者注〕が伝染るぞ」と言って薄気味悪く思つて避けていた」というのである。加えて、「村の子供たちさえ之と共通な一種の劣等感を有していた」という。というのは、「かの地方ではわが子を窘める場合『言うことを聞かぬと獅子の児に呉れてやるぞ』というのが母親などの常套語」であり、村の外部では「「あ、月潟か。獅子の児だな。一つしなつて見せろ」とからかわれるのが堪えられない苦痛であった。これら卑屈な社会意識は獅子の家族たちの間にはいっそう濃厚なものがあつた[57]」という。つまり、農村地域でも、都市新中間層的なまなざしを内面化して、自分たちが下層の渡世稼業と同一視されることに反発しながら／だからこそ、村のなかではその稼業を差別するのである。

ここでは、近代の意味論の変動のなかで、階層と都鄙の圧倒的な差が温存され、それを前提とした憐憫と蔑視の視線が交錯している。「子ども」観が「誕生」し「浸透」したとも解釈できるよう

図5　「婦人子供報知」第21号、報知新聞社、1932年、表紙

なわかりやすい図式とはおよそ異なり、そこに、児童保護の視線、全年少者を「子ども」という一枚岩の表象に包摂するという発想は希薄である。

だが一方で、大正期から昭和期（一九一〇年前後から二〇年代後半）にかけて、この階層差と差別の構図を覆い隠すような、より積極的な曲芸する子どもの表象も見受けられるようになる。

第一に、角兵衛獅子稼業が時流に合わずに消えていくのと入れ替わるように、消えゆく「芸能」であるとか「郷土」の芸能であるといったノスタルジーの視線が出てくる。文部省唱歌「故郷《ふるさと》」が発表された一九一四年（大正三年）ごろから「ふるさと」「郷土」を懐かしむ言説が増え、昭和初期（一九二〇年代半ばから三〇年代）には、郷土史や郷土教育が流行する。その結果、明治末期（一九一〇年前後）には「恥ずかしい」「卑屈の種」だった角兵衛獅子も、児童虐待防止法ができたころにはすでに「なつかしむ」対象になっている。前述の出身者は、「少年時代、その獅子の産地であるといふだけの理由で月潟村の者であるといふことが、他村の人達に対する甚だしい卑屈の種となつた予さへが（略）全国的に名ある越後獅子を思ひ出の中になつかしむ情を多分に有するに至ったことを、今更自覚せずにはゐられない[58]」と回想している[59]。並行して、民俗芸能としてのルーツが神事か大道芸かを確定しようとしたり、軽業としての芸の種類を書き留めたりと、芸能史、サーカス史のなかに位置づけようという動きも出てくる。[60]

第二に、大衆文化で角兵衛獅子が「子どもらしい子ども時代を与えられていないが、けなげで子どもらしい子どもたち」として人気を博するようになる。中流家庭向け雑誌の表紙や挿絵には、正月などに合わせて、「汚い」「病気がうつる」といったイメージとは程遠い、いかにも「子どもらしい」角兵衛獅子が登場するようになっている（図5）。角兵衛獅子の杉作少年が活躍する大仏次郎『鞍馬天狗』シリーズの第一話「角兵衛獅子」が「少年倶楽部」（大日本雄弁会講談社）に連載されたのは一九二七年から二八年（昭和二―三年）である。同様に、小説や戯曲で、貧困のため不幸にも売られてしまった、「かわいそう」だが「けなげ」な角兵衛獅子や、単に正月の風物詩としての「かわいらしい」角兵衛獅子が多く描かれるようになる。十九世紀以降、児童文学が興隆するなかで、チャールズ・ディケンズ『オリバー・ツイスト』（一八三八年）のように、不幸な生い立ちだが無垢な子どもというモチーフがある種の典型として描かれることが増えるが、角兵衛獅子はまさに、「不幸にも子どもらしい子ども期を与えられていない、子どもらしい子ども」という矛盾した表象として、子ども期を享受できる層にロマン主義的、童心主義的な文脈で消費されるに至る。

こうして、差別的な視線のすれ違いをはらんだ階層差や地域差が、一見すると「子ども時代を享受できている恵まれた子」と「子ども時代を享受できていないかわいそう（だがけなげ）な子」という近代的子ども観のサブカテゴリーに位置づけられるようになる。あたかも中流からかわいそうな層へと、子どもの保護・教育のまなざしが浸透し始めたかにみえてしまう構図が、こうして成立したといえる。

おわりに——単線的な「誕生→浸透」図式を超えて

工場法から児童虐待防止法へという出来事を一面からみると、近代家族と学校教育が年少者を「子どもらしい子ども」へと包摂していく時代に、そこからこぼれ落ちる恵まれない層の「児童労働」「児童虐待」が社会問題化され、それらを規制する法制度ができていったという、「誕生→浸透」図式をおおむね支持しているようにもみえる。しかし、より多様な視点から見直せば、そこには、近代以前に由来するものや近代になって生まれたものを含む、制度領域や階層によって異なる、年少者をめぐる多様な論理が交錯している。

児童保護（児童福祉）の源流にあたる法ができて規範が浸透し始めたかのようにみえても、年少者を有益で安価な労働力とみる視線や、哀れという感情も含めて消費する視線は消えたわけではない。別の論理の世界は残り続け、新たな差別と消費の構造が生み出されもしている。工場という近代産業にいったん組み込まれた年少者をめぐっては、結果として労働力として不要になった低年齢の年少者を手放すようにして法が成立した。しかし、使える者は使うという別の力学は、潜在化するものの残っている。非近代的な稼ぎ方の一形態といえる曲芸する年少者をめぐっては、近代的な子ども観が広がるなかで古い形態の角兵衛獅子が消費価値を失って消滅していく一方で、幼い者が曲芸をすること自体を芸や風物として消費する構造は潜在的には温存したまま、曖昧に児童虐待防止法が成立する。そこには、新中間層は差別的視線を内包しながら「かわいそうだがけなげな子ども」を消費し、より階層的に近い層は同一視されることを忌避して蔑視を再生産するという構図が温存されている。

このように、一面からみれば子ども観の「複合体」の「誕生」ともみえかねない歴史は、より雑多な「線」が交錯したものだった。近代的子ども観の「誕生」という図式でみようとするとみえなくなるような、年少者を一枚岩の「子ども」とみない論理の「線」も多種多様にそこには絡まっていたことがみえてきた。

このあと、戦後日本は、高度経済成長期を経て「一億総中流」を信じる時代になる。親がいない子は少なくなり、高校進学までも準義務化するなかで、「子ども／大人」＝「保護・教育／就労」は常識として定着したかにみえる。ただ、それでも、みえづらくなったとはいえ、ある世代までにとっては、階層構造のなかで、有用な労働力は年少者でも使う、恵まれない年少者を教訓や見せ物として消費するという世界が日本のなかに存在していることは、公然の秘密だった――いや秘密でさえなかった――はずである。

にもかかわらず、二十世紀末から二十一世紀初頭にかけて、「児童虐待」や「子どもの貧困」などが次々と「発見」され、あたかも「最近の問題」であるかのように驚きをもって語られる。[61] そこに、「子ども（期）の変容」や「子ども（観）の消滅」といった学術的診断が重ね合わされることもある。[62] いまなすべきは、このような「子どもらしくない子ども」の登場に驚くことではないだろう。公然の秘密だったはずの多様な論理がどのようにして忘れられ、またどのように残っているかを探求することであり、現代の事象の分析でも、多様な論理の存在や排除の可能性を含んだ視線が潜在化したり顕在化したりする様相自体を冷静に記述していくことが重要である。

注

（1）フィリップ・アリエス『〈子供〉の誕生――アンシァン・レジーム期の子供と家族生活』杉山光信／杉山恵美子訳、みすず書房、一九八〇年

（2）エドワード・ショーター『近代家族の形成』田中俊宏／岩橋誠一／見崎恵子／作道潤訳、昭和堂、一九八七年

（3）ジャック・ドンズロ『家族に介入する社会――近代家族と国家の管理装置』宇波彰訳、新曜社、一九九一年

（4）あとの議論とも関わるが、日本に総合的な児童労働の禁止法はない。雇用と特定業種への使役が禁止されているだけであり（それも演劇子役などの例外がある）、民法第六条ではむしろ「未成年者の営業の許可」を定めている。

（5）「幼年保護の現勢 小河法学博士講話」「東京朝日新聞」一九一一年二月十四日付

（6）倉橋惣三「稼ぐ子供（一）―（四）」「東京朝日新聞」一九一一年七月二十一―二十五日付

（7）「明治十年四月文部大書記官西村茂樹第二大学区巡視ノ命ヲ受ケ視察スル所ノ記中抄録」、教育史編纂会編『明治以降教育制度発達史』第一巻所収、竜吟社、一九三八年、四七二ページ

(8) 政府委員岡実の報告。「第二十七回帝国議会衆議院工場法案委員会議録 第二回」一九一一年二月十六日付、八ページ

(9) 労働省婦人少年局編「サーカスに働く年少者――サーカスに働く年少者実態調査の報告」、上笙一郎編『年少者の特殊雇用慣行・サーカスに働く年少者・少年職業紹介施設及取扱成績』(「日本子どもの歴史叢書」第二十二巻)所収、久山社、一九九八年(初出:一九五〇年)

(10) 議論は常に、雇用可能な最低年齢をどこに定めるか、その上の何歳までに労働時間と深夜業の制限をかけるかをめぐっておこなわれている。個別の立法案やその内容詳細も含んだ議論は、元森絵里子『語られない「子ども」の近代――年少者保護制度の歴史社会学』(勁草書房、二〇一四年)の第三章を参照されたい。

(11) 農商務省工務局編『第三次勧業会工務部日誌』農商務省工務局、一八八六年、二一三―二四二ページ

(12) 例えば、隅谷三喜男「工場法体制と労使関係」(隅谷三喜男編著『日本労使関係史論』所収、東京大学出版会、一九七七年)。

(13) 「明治十三年改正教育令案文部省布告案」、教育史編纂会編『明治以降教育制度発達史』第二巻所収、竜吟社、一九三八年、一八二―一八三ページ

(14) 岡実『工場法論』有斐閣書房、一九一三年、四―九ページ

(15) 農工商《(ママ)》高等会議「第一回農商工高等会議々事速記録 第七諮問案 職工ノ取締及保議ニ関スル件」一八九七年、小汀利得編『明治文化資料叢書 第一巻 産業篇』風間書房、一九六一年、二一一―二二二ページ

(16) 同書九―五四ページ

(17) 農商務省商工局編『工場調査要領』農商務省商工局工務課工場調査掛、一九〇二年、三〇ページ
(18) 同書五九ページ
(19) Andre Turmel, *A Historical Sociology of Childhood: Developmental Thinking, Categorization and Graphic Visualization*, Cambridge University Press, 2008.
(20) 前掲『明治文化資料叢書 第一巻 産業篇』四四―四五ページ
(21) 農商工高等会議「第三回農商工高等会議々事速記録 諮問案 一、工場法制定の件」一八九九年、前掲『明治文化資料叢書 第一巻 産業篇』一二八ページ
(22) 同書一一四ページ
(23) 同書一三〇ページ
(24) 同書一一三ページ
(25) なお、年少者には義務教育のかわりに工場で簡易な教育を受けさせるという折衷案は、推進派・反対派双方から否定されている。推進派はすべての年少者を学校に包摂することを目指しているからであり、反対派は貧困層の年少者を純然たる労働力として用いたいからである。反対派は特に、国も包摂できていない層に教育を受けさせる費用を、なぜ工場主が払わなければならないのかと反発している。
(26) 前掲『工場調査要領』九―一六、二九―三〇ページ
(27) 犬丸義一校訂『職工事情』上・中・下、(岩波文庫)、岩波書店、一九九八年
(28) 斎藤修は、『職工事情』(農商務省商工局、一九〇三年)の検討から、学齢期の児童労働に依存しているのは緞通、硝子《ガラス》、燐寸《マッチ》くらいであり、紡績関係はティーンエージャーに依存していても児童労働依存ではなかったと述べ、産業化が児童労働を推し進めたため規制が必要になったと工場法をみる説

は当たらないと述べている（斎藤修「近代日本の児童労働――その比較数量史的考察」、一橋大学経済研究所編「経済研究」第四十六巻第三号、岩波書店、一九九五年）。

（29）「第四十六回帝国議会衆議院職業紹介法中改正法律案外二件委員会会議録 第二回」一九二三年三月五日付、六ページ

（30）社会局労働部編『昭和二年 工場監督年報』社会局労働部、一九二七年、六六ページ

（31）清川郁子「「壮丁教育調査」にみる義務制就学の普及――近代日本におけるリテラシーと公教育制度の成立」「教育社会学研究」第五十一集、日本教育社会学会、一九九二年

（32）角兵衛獅子にまつわる戦前期の言説の変遷の詳細や史料については、元森絵里子「角兵衛獅子はいかにして「消滅」したか――「近代的子ども観の誕生」の描き直しの一例として」（「明治学院大学社会学・社会福祉学研究」第百五十二号、明治学院大学社会学会、二〇一九年）を参照されたい。

（33）江戸期に大道芸を披露して物乞いをおこなった「乞胸」の者は、浪人出身ながら町人身分同等とされ、穢多頭の支配下で「鑑札」を受けた者がおこなえるという一定の秩序のうえに成り立つなりわいだった（塩見鮮一郎『乞胸――江戸の辻芸人』河出書房新社、二〇〇六年）。芸を披露して銭を稼ぐことは、町人の秩序からはみ出したアウトサイダーではあるものの、必ずしもさげすまれるものでもなく、ときに聖性を帯びもする風俗であり文化だったといえるだろう。角兵衛獅子は乞胸に含まれないとされているが、演者が幼いことを売りにして、このような秩序に参入したものだったとはいえる。

（34）一例として、一八六六年（慶応二年）に「リズレー一座」として日本を出港した巡業団には、浜碇定吉（十一歳）、梅吉（十二歳）という二人の少年が「上乗」として加わっていて、梅吉は「リトル・オールライト」の名で人気を博している（三原文「軽業師の倫敦興行――ロイヤル・ライシアム劇場、一八六六年」「芸能史研究」第百十号、芸能史研究会、一九九〇年）。

(35) ジョン・レディー・ブラックが発行した、極東（日本、のちに中国）の写真を紹介した隔週の英字新聞。
(36) 東京府知事「越後獅子舞の差止の布達」、倉田喜弘編『明治の演芸（一）』所収、国立劇場調査養成部芸能調査室、一九八〇年、三七―三八ページ
(37)「横浜毎日新聞」一八七四年七月四日付
(38) 池田かげらふ「越後獅子の起源」「風俗画報」第百五十六号、東陽堂、一八九八年
(39) 例えば、松原岩五郎『最暗黒の東京』（民友社、一八九三年）。
(40) 例えば、吉田東伍「越後名物角兵衛獅子」（「文」第三巻第七号、金港堂、一八八九年）。
(41)「角兵衛獅子の行倒れ」「読売新聞」一九〇八年九月二十八日付
(42)「東京朝日新聞」一九〇八年十一月十四日付
(43) 笹川潔「珠乗角兵衛獅子」『眼前小景』敬文館書房、一九一二年、九―一〇ページ
(44) 同書一一ページ
(45) 市場鴨村「幼児虐待に就て」、東京市養育院編「九恵――東京市養育院月報」第百五十二号、東京市養育院、一九一三年
(46)「角兵衛獅子の裏面」「無名通信」第六巻第二号、無名通信社、一九一四年、七一ページ
(47)「稼ぐ子供（四）」「東京朝日新聞」一九一一年七月二十五日付
(48) 内務省社会局編『本邦社会事業概要』内務省社会局、一九二二年、一二九ページ
(49) このいくつかの「問題」の「虐待」への合流と離散については、第2章「貰い子たちのゆくえ――昭和戦前期の児童虐待問題にみる子どもの保護の接合と分散」（高橋靖幸）を参照のこと。
(50) 杉村廣太郎『越後記――越後日記』万松堂支店、一九一一年、一一一―一一二ページ

(51)「滅びゆく越後獅子（上）（下）」「大阪朝日新聞」一九二一年七月二十七・二十八日付

(52) 権田保之助「角兵衛」『社会研究 娯楽業者の群』実業之日本社、一九二三年、一六九ページ

(53)「初春の巷を流す角兵衛獅子の話 越後で起つた郷土芸術」「時事新報」一九二八年一月十七日付

(54) 現代でも、芸能人はスターであると同時に、貧困や搾取や孝行といった話題が取り巻くという両面価値的な存在である。

(55)「小供の新聞 角兵衛獅子」「読売新聞」一九〇五年八月一日付

(56) 例えば、下田次郎「越後獅子」（『現代児童教訓実話』同文館、一九一〇年）。

(57) 関本賢太郎「滅びた角兵衛獅子」「越佐研究」新潟県人文研究会、一九六三年、二五―二六ページ

(58) 関本芦村『折々艸』精興社、一九七二年、一〇七―一〇八ページ（初出：関本健太郎「越後獅子――滅び行くもの」「和同会雑誌」第七十六号、長岡高等学校和同会、一九三〇年）

(59) 特筆すべきは、角兵衛獅子は、児童虐待防止法制定のたった三年後の一九三六年（昭和十一年）に、「郷土芸能」の消滅を嘆く月潟村の有志が、芸妓によるお座敷芸として復興していることである。より年少の学齢児童で復活できなかったのは、子どもに関する規範が影響しているだろう。戦後に安全に配慮して改良した小学生の芸として復活され、二〇一三年に新潟市無形文化財に指定されるに至る。この数奇な後日談については元森絵里子「角兵衛獅子の復活・資源化から見る子ども観の近現代――村／地域社会と近代的規範の交錯」（ソシオロゴス編集委員会編「ソシオロゴス」第四十三号、ソシオロゴス編集委員会、二〇一九年）を参照のこと。

(60) 例えば、林トシ「越後獅子の研究」上・下（「高志路」第一巻第五・六号、新潟県民俗学会、一九三五年）。

(61)「児童虐待」が一九九〇年代に社会問題として構築されたさまについては、上野加代子／野村知二

『〈児童虐待〉の構築——捕獲される家族』（〔SEKAISHISO SEMINAR〕、世界思想社、二〇〇三年）参照。子どもの貧困の社会問題化は、阿部彩『子どもの貧困——日本の不公平を考える』（〔岩波新書〕、岩波書店、二〇〇八年）が大きな役割を果たしている。

（62）例えば、マリー・ウィン『子ども時代を失った子どもたち——何が起っているか』（平賀悦子訳、サイマル出版会、一九八四年）が虐待や早期教育を子ども期の消滅論に引き付けて論じ、ニール・ポストマン『子どもはもういない——教育と文化への警告 改訂』（小柴一訳、新樹社、一九九五年）などとともに注目を浴びた。

第2章　貰い子たちのゆくえ
――昭和戦前期の児童虐待問題にみる子どもの保護の接合と分散

高橋靖幸

はじめに

現代、児童虐待は、子どもを被害者とする重大な社会問題の一つとして数えることができる。児童相談所での児童虐待相談対応件数は、統計を取り始めた一九九〇年度から年を追うごとに増加し、二〇一五年度の相談対応件数が十万件を突破したあとも、過去最高の相談対応件数を毎年更新する状況がいま現在も続いている。

こうした現在の児童虐待の相談対応件数の増加の背景にあるのは、子どもに対する社会の高い関心であり、そして「子どもは保護される必要がある」という私たちの子ども観だといえるだろう。虐待をおこなってしまう保護者本人の相談をはじめとして、近隣住民などの個人や関係機関などからの通告が増加し続けている傾向は、子どもの福祉（健康、幸福、生活の安定）を求める私たち一人ひとりの子ども観に基づいた思いや願いが、社会全体に広がっている結果としてみることができるのかもしれない。

そしてこうした子どもたちに対する人々の思いや願いのもとで、彼らを虐待から守り、彼らの保護を実現することを目的として二〇〇〇年に制定された「児童虐待の防止等に関する法律」が、現在では重要な法律として運用されている。虐待から子どもをどう守り保護するかの検討のうえに作られたこの法律には、いわば、現在の私たちの子どもに対する見方や考え方（＝子ども観）が体系化されているともいえるのだ。

一方で、児童虐待が現代に限った子ども問題かといえば、実のところそうではない。日本では、明治期（一八六八年以降）から子どもへの虐待は問題にされてきていて、一九三三年（昭和八年）には「児童虐待防止法」という名称の法律が制定されている。戦前期にも虐待が問題化され、児童虐待防止のための法律が存在していたことは、もしかするとあまり知られていないことかもしれない。児童虐待防止法が制定された背景として、当時の内務省社会局長は新聞紙上で次のように語っている。

この法案を作るに至った根本の思想は子供は十四歳未満は教育すべきものであって労働をさし

たり使用すべきものではないというところから出発しているのです。（略）日本の現在の社会では、玉のりだとか、かどつけだとか、軽業だとか、色々な方面で児童が虐待されていて（略）一般はその虐待を看過しています。[1]（傍点は引用者）

右の記事を読んでわかるとおり、この児童虐待防止法は、「玉のりだとか、かどつけだとか、軽業だとか」といった、街頭などでの特殊な労働に従事する子どもたちの保護と救済のために作られた法律だった。本法の対象は「十四歳未満の児童で、その児童を保護すべき責任のある者が、児童を虐待したり、児童の監護を怠ったりして刑罰法令に触れるようなことをした場合には保護処分を行うというものであった（第二条）。本法は、工場法、工場労働者最低年齢法などでカバーしきれない児童労働に対する保護規定の位置をもった」[2]のである。戦前期の児童虐待防止法で示されている「児童虐待」の概念は、現代の私たちが知る「児童虐待」とは少し異なった概念だったことがわかるだろう。

明治期以降の日本の児童保護の展開のなかで、一九〇〇年（明治三十三年）の感化法や一一年（明治四十四年）の工場法などが、子どもたちに対する近代的な処遇を早くに実現したことはよく知られている。子どもに対するそうした近代的なまなざしが、昭和期（一九二〇年代半ばから）に入って街頭などでの特殊な労働に従事する子どもたちにも向けられるようになったのが、児童虐待防止法制定の背景だったとみることができるのかもしれない。街頭などでの労働に従事する子どもを保護し、彼らに教育を与える。歴史を振り返る現在の私たちにとって、この昭和初期（一九二〇年代半ばから三〇年代）の児童虐待防止法の制定は、明治期以降に誕生した「保護と教育の対象としての子ども」という近代的な子ども観が社会に浸透した結果の一つの到達点としてみえるのである。

しかし、児童虐待防止法は、「近代的な子どもの誕生と浸透」のもとに、特殊な労働に従事する子どもの保護を達成したのだ、と早急に結論づけていいものだろうか。子どもを保護する法律の制定という歴史的事実だけをもって、そうした判断を簡単に下してしまうことは、はたして妥当なのだろうか。「近代的な子どもの誕生と浸透」という枠組みをあらかじめ用意して子どもの歴史を理解することで、取りこぼされていく局面はないだろうか。

さらに、複雑な問題として、戦前期の児童虐待と児童保護に関するこれまでの研究では、児童虐待防止法の成立をもたらしたきっかけが、金銭の受け渡しを介して大人たちの間でやりとりされる子ども、いわゆる貰い子の問題化にあったとされてきた。昭和初期（一九二〇年代半ばから三〇年代）、貰い子たちが養育費の授受だけを目的にやりとりされ殺害されていることが大きな社会問題になって「世論を高揚させた」ことが、新たな児童保護のかたちとして児童虐待防止法を生み出したと説明されたのである。(3)しかし、実際に制定された児童虐待防止法は街頭などでの児童労働の規制を定めるだけで、貰い子殺しを防止することを明記する条文はどこにもない。では、法律の制定までの過程で、貰い子の保護と街頭での労働児童の保護は、それぞれどのように議論されていたのだろうか。貰い子殺しを虐待の問題とする段階から、児童労働を虐待とする段階に至る間に、子どもの保護に対する認識について何が接合し、また何がこぼれ落ちて分散していったのか。こうした子どもの議論の複雑な変化と絡まりは、「近代的な子どもの誕生と浸透」という枠組みをあらかじめもってしまうことではおそらく十分に捉えきれない。本章では、戦前期の児童虐待防止の法律制定の歴史をより詳細にひもとくことによって、「近代的な子どもの誕生と浸透」という説明からでは必ずしもみえてこない、子どもの近代の多様性と複雑性のありようを明らかにしてみようと思う。

このような課題に対して、本章は、社会問題の社会学、なかでも社会問題の構築主義の視座から取り組んでいく。なぜなら、子どもへの虐待を重大な社会問題として訴え、社会の変化のために法律の制定を求める人々の活動の歴史的な過程を問題としようと思うからだ。先に述べたとおり、戦前期の「児童虐待」の概念は、現代の私たちとは異なる用いられ方をしていた。そうした現代とは異なる「児童虐待」の概念が、当時の社会の人々によってどのように用いられながら児童虐待の社会問題が構成され、児童虐待防止法が制定されるに至ったのかを本章では問題とする。社会問題の構築主義は、社会問題を「なんらかの想定された状態について苦情を述べ、クレームを申し立てる個人や集団の活動[4]」として定義して、社会問題の「状態」ではなく、社会問題を構成する人々の意味づけの「活動」のあり方を問う。本章もまた、人々が「児童虐待」についてどのような意味づけをおこなうなかで、それらを社会問題として構築したのかを明らかにしていこうと思う。

1　明治期における「児童虐待」の概念

「虐待」としての貰い子殺しと継子いじめ

はじめに、前節で引用した新聞記事をあらためてみてみたい。この記事では、街頭での子どもの特殊な労働が「虐待」という名称を用いて問題化されているが、それと同時に「一般はその虐待を看過してい」るという認識が示されている。玉乗りや門付けや軽業といった街頭での子どもの特殊な労働は、法律制定の直前でも社会のなかで十分には問題にされていなかったという事実の一側面をうかがい知ることができる。この時期、子どもの特殊な労働は十分に人々の関心事になっていなかったからこそ、それらを「虐待」と名指して問題化を図る必要があったのだろうか。「子どもが街頭で労働する姿は自然な風景ではなく、「虐待」として認識する必要がある大きな問題だ」という具合に。では、児童虐待防止法で保護の対象とされることになる子どもたちの特殊な労働は、それまでどのように理解され、論じられてきたのだろうか。反対に「虐待」という概念は、どのような場面で用いられていたのだろうか。

まず明治初期（一八七〇年代から九〇年前後）、街頭などでの子どもの特殊な労働は「虐待」と結び付くような大きな問題とされていなかっただけではなく、人々の間で「称賛」の対象としてもまなざすことができるものだったことがみえてくる。例えば、一八七九年（明治十二年）、大阪でおこなわれた子ども軽業の興行を伝える新聞記事では、子どもたちの「奇々妙々の技芸」が「大入り大当たり」として大きく宣伝されている。(5) また、八九年（明治二十二年）の「順天堂医事研究会報告」では、角兵衛獅子が「演技の趣向面白可笑」しいばかりではなく、「身体の自由自在」は驚くものであり、その点について学術的な検査をもって詳しく知る必要があると論じている。(6) そして、角兵衛獅子の興行は東京市内で年々減少傾向にあり、今後研究は難しくなるだろうから、検査についてはいまが最良のときであると訴えるのである。九二年（明治二十五年）に刊行された豊原国周の浮世絵には、「角兵衛獅子のまねをする子供」と題したものもある（図1）。いたいけな子どもが角兵衛獅子をまねする姿には、角兵衛獅子そのものに対する忌諱の念を読み解くことは難しい。そして九九年（明治三十二年）にも、銀座で開かれた軽業一座の興行について、子どもの演技が「実に無邪気で又実に巧かった」ことが、新聞の一口投書で記

図1　豊原国周「角兵衛獅子のまねをする子供」（1892年）
（出典：東京都立図書館デジタルアーカイブ「TOKYO アーカイブ」〔https://archive.library.metro.tokyo.lg.jp/da/detail?tilcod=0000000003-00009358〕）

事にされている。[7]このように明治期初頭から少なくとも明治三十年代ごろまで（一八七〇年代から一九〇〇年代後半まで）、子どもの軽業や角兵衛獅子などを「虐待」として問題化する機運は十分に醸成されていなかったものと考えられる。

とはいえ、明治期に子どもの「虐待」の問題がまったく論じられていなかったわけではない。明治二十年代から三十年代（一八八〇年代後半から一九〇〇年代後半）にかけて、新聞は貰い子殺しと継子いじめの事件に対して「虐待」という言葉を用いて問題化を図るようになっていったことが確認できる。貰い子殺しや継子いじめを問題とする記事それ自体は、明治初期（一八七〇年代から九〇年前後）から「残虐」「残酷」という表現とともに報じられていた。しかしその時期には、これらの問題を「虐待」として表現する記事は見当たらない。これらの事件を「虐待」という表現を用いて論じるようになるのが、明治二十年代、三十年代あたり（一八八〇年代後半から一九〇〇年代後半）からである。[8]「虐待」という記述は、貰い子と継子に対する劣悪な処遇を問題化する方法として、この同じ時期に、しかし貰い子殺しと継子いじめというそれぞれ別の事件の文脈で用いられるようになったのである。

児童虐待を社会問題化するレトリック——諸外国との比較、動物虐待との比較

「虐待」という用語を伴いながら論じられる貰い子殺しと継子いじめは、明治三十年代から四十年代（一八九〇年代後半から一九一〇年前後）になると、さらにいくつかの点で問題の報道のされ方に変化がみられるようになる。端的にいって、この時期の報道には、子どもへの「虐待」を社会問題

として報じるような特徴を認めることができる。その変化を三つの点に整理してみてみよう。

まず、一つめの変化として、「幼児責殺し詳報」のように、[9] 虐待事件が事実として単発的に報じられるだけでなく、その詳報や続報が伝えられるようになっていくとともに、「又も貰い子殺し」や「鬼夫婦又出現」のように、[10] 一つひとつの貰い子殺しや継子いじめが個々の事件として終結せずに、それぞれが共通性・関連性をもった「同じ事件」として報じられるようになっていくのである。

また、二つめの変化として、貰い子や継子への「虐待」を事実として報じるだけでなく、その「虐待」が「どのような意味で問題なのか」、あるいは「なぜ問題にしなければならないのか」を論じるようになっていく。

例えば、欧米諸国と比較して、日本では子どもの「虐待」に対して社会の関心が低いことを問題にする新聞記事や専門家の議論がみられるようになる。[11] 欧米諸国を手本として近代国家の樹立の取り組みを続ける日本社会で、欧米諸国との比較のレトリックは、非常に効果的な訴えとなる。諸外国と比べて日本人の関心の低さを問題にするこうした主張は、子どもへの「虐待」を日本社会の一人ひとりの問題、すなわち「私たち（社会）の問題」として構築するレトリックになるのである。

さらに、子どもへの「虐待」に対する社会の関心の低さを問題にするためたびたび言及されるのが、動物虐待防止会の存在である。日本で動物虐待防止会は一九〇二年（明治三十五年）に設立され、その活動は社会ですでに広く知られるものになっていた。動物を残酷に取り扱うことを防ぐ組織が国内に存在するにもかかわらず、子どもを残酷に取り扱うことを防止する組織が存在しないことが問題として主張されるのである。[12] こうして動物の虐待と比較することによって、子どもが置かれている現在の社会の状況の劣悪さを、より説得的に強調することになるのである。

以上のように、諸外国との比較と動物虐待との比較は、子どもへの虐待を問題化する際に効果的なレトリックとしてたびたび使用されていたことがわかる。これらのレトリックには、子どもを「尊い存在」として捉える社会の特徴をみることができるかもしれない。しかし同時に、これらのレトリックには、虐待の何が問題であるのかを論じるために、その被害者が「子ども」であること、そのこと自体だけでは問題の理由として十分に成立しえない社会のありようをみることにもなる。つまり、「なぜ問題なのか」「それは問題の被害者が「子ども」だからだ」では主張を終えられない。ここでは「被害者が「子ども」であることがなぜ問題なのか」に答えることが求められるのである。

現代であれば、多くの場合、被害者が「子ども」であることだけで、それを問題として主張することの十分な理由や根拠になる。ところが明治期の虐待の問題では、いわば「理由としての子ども」が不在だったといえる。「欧米諸国では子どもの虐待を大きな問題として捉えて対応しているのに、日本社会ではその意識が低い。だから問題だ」「動物への虐待を問題化し、動物を尊い存在として扱っている一方で、子どもに対する日本社会の関心は低い。だから問題だ」。こうした主張が説得的に展開されてはじめて、子どもに対する虐待を問題として論じることが許されるのである。貰い子や継子への虐待を問題とする際に、子どもをなぜ問題としなければならないかを、諸外国との比較や別の観点から説得的に主張する議論が展開されなければならず、子どもそれ自体を理由とするレトリックは機能していない。この時期、子どもに対する虐待の問題構築は、「私たち（社会）」の安心・安全、すなわち「私たち（社会）の問題」として論じられるなかで成し遂げられていくのである。

児童虐待を社会問題化するレトリック——問題の領域の拡張

そして三つめの変化として、虐待を問題化する議論が貰い子、継子といった領域の子どもを超えて、別の領域の子どもに及ぶ動きがみられるようになっていく。

例えば、「大阪朝日新聞」一九〇六年（明治三十九年）九月十二日付に、「児童虐待の弊」という見出しの記事が掲載されている。この記事には貰い子殺しや継子いじめの例は登場しない。将来の国を担う子どもの身体の健全な発達を阻害するものとして、小学校での過度な教育、多くの習い事などを子どもたちに課す家庭、工場での過度な労働の三つを挙げ、これらが児童への虐待であることを主張するのである。記事では、家庭での過度な習い事について「寧ろ彼れ貰児殺しの所為も勝らずや」と述べられている。貰い子殺しはひどい虐待だが、それと同じく、あるいはそれ以上に、学校、家庭、工場での心身の発達の阻害は、子どもたちにとって虐待であるという主張を展開するのである。

このように、明治四十年代（一九一〇年前後）、貰い子殺しや継子いじめを虐待の問題の中心にしながら、子どもに対する虐待の問題の領域を拡張する言説が展開されるようになる。そのなかでも特に、街頭での児童労働を虐待として問題化する言説が広がりをみせ始める。この変化を明瞭に示す新聞記事として、「東京朝日新聞」一九〇九年（明治四十二年）三月九日付を挙げることができる。記事は、貰い子殺しと継子いじめの虐待がすでに特殊な事件ではなく、また表舞台に現れないものも含め、その「例は少なからぬ」ものであり、「軽々に看過すべからざる一大事」であるとしている。児童への虐待は何ら私的なトラブルや事件ではなく、現在相当数の子どもたちに被害をおよぼしており、それに対して何らかの対策を必要とするような重大な社会問題だと指摘するのである。
しかしながら、この記事は、貰い子殺しと継子いじめの言及だけにとどまらない。記事では、貰い子殺しと継子いじめへの言及のあとに「児童労働問題」と中見出しをつけて、「此の虐待問題は、児童一般に適用さるべきものである」という主張を展開し、児童労働、なかでも興行に子どもを使用することもまた児童虐待問題の一つだと論じるのである。これは、虐待問題を貰い子と継子だけにではなく、より広く児童一般を対象に考えるべきだという主張である。記事は次のように続く。

児童興行を止めよ　いたいけな可憐の子供等が大仕掛の定期興行物を始めとして、所謂街道芸人輩の喰物に用ひられて居ることは、心ある人をして常に顰蹙せしめる。（略）開明人士の美はしい感情には、猿芝居、犬芝居の類すら動物虐待としてだんだんに忌まれるのである。況して大切な人間の子供を以て、興行物にするといふことがあろうか。然も之を見て大口あいて笑って居る大人の心こそ驚かされるのである。（略）よしや法律は禁じないにしても、心ある社会は決して之を見るに忍びぬ訳である。(13)

先にみたとおり明治期初頭から明治三十年代ごろ（一八七〇年代から一九〇〇年代後半）、児童興行はときに称賛の対象ともなっていた。しかしながら、貰い子殺しと継子いじめが「虐待」として問題化した明治四十年代（一九一〇年前後）のこの記事では、児童興行もまた「虐待」とされたのである。そしてこの記事で、児童興行を虐待の問題とする主張のなかに示されるのは、右の別の記事でも確認した「私たち（社会）の問題」というレトリック、すなわち大人の側もしくは社会の側の関心のありようを問うレトリックである。記事は、「心ある人」「開明人士」「心ある社会」という言葉を掲げて児童興行を、社会の意識の問題として捉える枠組みを提示する。そのうえで児童興行に対して疑問をもたない現在の社会は、心ない人たちの、未文明の社会であるというイメージを作り出すようにして批判を展開していく。ここに「虐使される子ども」と「心ない無教養な大人・社会」という構図ができあがる。

このとき議論の矛先は前者の子どもそれ自体ではなく、後者の大人や社会に向けられている。すなわち、ここでの議論は、例えば「子どもの尊厳の侵害」や「子どもの発達の阻害」といった虐使される子ども自身の問題を直接的に対象として扱う内容ではなく、子どもに特殊な労働を強いる社会の意識や関心の低さを問題にしているのである。

街頭などでの児童の労働を問題化する言説は、新聞記事だけでなく、専門家による主張にもみられるようになる。一九一三年（大正二年）、「九恵――東京市養育院月報」では、論説として「幼児虐待に就て」という記事を掲載しているが、そこでも角兵衛獅子や玉乗りを、諸外国での対応、そして動物虐待の対応と対比させ、それらが重大な虐待問題であることを論じている。(14) 継子いじめをおこなった継母に警察署が幼児虐待として注意することはしばしば新聞で目にするが、角兵衛獅子の親方に警察署が説諭したことは聞いたことがないと批判する。このようにして記事は、虐待の問題の領域を拡張して、児童興行を新たな虐待の問題に位置づけようとするのである。

こうした議論のあり方は、児童興行が「私たち（社会）の問題」であるというクレームを完成させるが、これは裏を返せば児童興行がいまだに「虐待」としては十分な認知がない状況にあり、そうであるからこそ社会の問題としてクレームすることによって問題化を積極的に図らなければならないような段階にあることを物語っている。児童虐待は「貰い子殺し」と「継子いじめ」を中心に一つの社会問題としてクレームされ、そこに興行などの児童労働の問題へ領域の拡張が図られようとしていたのが明治四十年代（一九一〇年前後）だったわけである。

同時に、この時期になって、それらの幅広い子ども問題を包含する用語として「児童虐待」という記述が流通し始めたことも注目に値する。「虐待」という表現は貰い子と継子を取り巻く状況を問題化するために使用されてきたが、そうしたなかでも「児童虐待」という表現は長く登場することはなかった。「児童虐待」という用語は、子どもの「虐待」が問題にされ論じられ始めた当初から使用されていた言葉ではなく、問題の領域の拡張と接合を論じるなかで使用されるようになっていった言葉だった。この時期になって、貰い子、継子、児童労働は、「児童虐待」という「同じ問題」をなすものとして捉えられようとしていたのである。

2　法律によって貰い子を虐待から救う

児童虐待防止の法制化に向かう様々な取り組み

とはいえ、こうして問題の領域の拡張が試みられるものの、明治四十年代（一九一〇年前後）ないしその後の大正初期（一九一〇年代前半）に「児童虐待」として論じられる対象は、あくまで貰い子殺しと継子いじめが中心だったことに変わりはない。問題の領域の拡張が試みられ始めた明治四十年代にも、新聞紙上で「虐待」として挙げられていたのは貰い子と継子であり、児童興行などが「虐待」として取り締まられたり、労働する子どもが「虐待被害者」として保護されたりすることが報じられることはなかった。

そのほかにも、例えば、一九〇九年（明治四十二年）に日本で初めて児童虐待防止事業を開始した原胤昭が「児童虐待」の被害者として救済したのは、実親か継親によって家庭内でひどい扱いを受ける子どもたちだった。原は、同年十月までに保護した十五件の虐待被害の状況を報告しているが、その被害児の内訳をみると、実子六件、継子七件、姪一件、雇女一件になっている。[15]

翌年、一九一〇年（明治四十三年）にも、原は四十六件の虐待被害を報告しているが、虐待の内訳の仕方は大きく変わっていない。このとき原が虐待の「原因」として挙げているのは、「貰い子」十二件、「継子又は厄介子」十八件だった。[16] そのほかの虐待の「原因」が、「児童の悪癖矯正のため」「白痴を矯正なさんため」「加害者の邪揄より」「里預けより戻され」「貧困のため養育に窮し」だったことに鑑みても、「貰い子」と「継子」はそれだけで虐待の「原因」として挙げることができるほど、この時期の児童虐待の認識として特別な対象だったことがわかる。

そしてこの時期になって重要な変化が訪れる。児童虐待がこのようにして社会で注目されるようになると同時に、法制化の議論がおこなわれるようにもなっていくのだ。事件報道によって「何が起こっているのか」が伝えられ、新聞や雑誌での社説や専門家の議論によって子どもへの虐待を「なぜ問題としなければならないか」の主張が社会に広がるとともに、この問題に対して私たちは「何をするべきなのか」が示されるようになるのである。

私たちはすでに、虐待の問題化のレトリックとして、欧米諸国と比較するアプローチが様々な場面で展開されていたことを確認した。これらの主張に関連して、欧米諸国の児童虐待への具体的な取り組みや法制度が紹介されるようになる。この時期、教育学者、内務官僚、社会事業家、中央慈善協会の報告書など、多領域にわたる人物や組織の論考が発表された。[17]これらが、日本の児童虐待防止の法制化の議論を下支えすることになったことは間違いないだろう。

さらには大正期（一九一二―二六年）になり、社会事業家の三田谷啓が、児童虐待についての調査と統計をまとめ、その結果を様々な媒体に発表する。[18]こうした国内の調査も、法制化の議論を後押しすることになった。調査は、一九一〇年（明治四十三年）から一八年（大正七年）までの全国の新聞を収集して、児童虐待の記事を取りまとめたものである。そして、調査の結果として、百十六件の実例について比較検討している。この三田谷の調査でも、虐待被害の対象として取り上げていたのは、実子、貰い子、継子だった。特に、貰い子殺しに関する記述に多くの紙数を割いている。ここでも、児童興行などの児童労働を調査対象として論じることはなかったのである。

内務省社会局による児童虐待防止議論の展開

このようにして、明治四十年代から大正初期（一九一〇年代前半）にかけて、専門家らによって、児童虐待について諸外国の取り組みや法制度が紹介され、統計などによる把握が試みられるようになると、国内の法制化の議論が具体的な展開をみせるようになっていく。特に、一九一八年（大正七年）六月、内務省の諮問機関として救済事業調査会が設置されたことが、この議論の大きな進展へとつながる。同調査会は、一九年（大正八年）十月、内務大臣によって「児童保護に関する件」について諮問を受け、同年十二月に「児童保護に関する施設要綱」を答申する。この答申には、「児童保護の趣旨を貫徹する為別に児童の虐待防止に関し其の調査を遂げ適当なる制度を設くること」という「希望条項」が明記された。児童への虐待を大きな問題として認識して、虐待防止に関する調査と法律の制定を強く要請したのである。

加えて、同調査会の議論で着目すべき点は、児童虐待の範囲について論じていることである。議論のなかで委員の小河滋次郎は、「児童の労働能力の過当なる使用」を虐待に含めるかどうかを問題にし、仮にこれが含まれないのであるならば、労働する児童の保護を虐待防止の項目の一つとして加えることを求めるのである。(19) 小河のこの提言は、大正中期（一九二〇年前後）のこの時期に、児童虐待に児童労働を含めることへの関心があったことを示すものだが、同時にそれらはまだ別種の問題として議論する余地があったことをも物語っている。つまり児童労働を虐待とする認識を自明視する状況にはなかったのだといえる。このとき、児童への虐待は政府として議論しなければならない重要な問題として認識されていた一方、その範囲はまだ十分には定まっておらず可変的な性格があったと考えられる。

こうした状況を背景としながら、一九二〇年（大正九年）には内務省内に社会局が設置され、児童保護事業と児童虐待防止の議論はさらに進展していく。先の救済事業調査会の答申の結果、児童保護委員法案と養児保護法案が第四十四回帝国議会への提出に向けて準備されるが、法制局での審査未了のため提出されずに終わる。そこで内務省社会局は先の二案を撤回し、児童に関する各種の法を一括して児童の保護を包括的に扱う児童保護法案の提出を準備し始める。その後、数年かけて具体的な法律案の検討は何度もおこなわれたものの、結局これらも未提出に終わるのである。

とはいえ、正式な立法には至らなかったものの、児童保護を目的とする統一的な法律案の検討が続けられたこの経過のなかで、児童虐待防止の議論は大きな進展を迎えることになった。例えば、一九二二年（大正十一年）、「我邦社会事業の発達の沿革並に其の現状の概要」をまとめた、内務省社会局による「本邦社会事業概要」で、児童虐待防止は、児童保護事業の一つとして「継子、貰子の虐待、其他の放棄児童、獅子舞、軽業、其他傭ひ児童の虐使等を予防し、被虐待児童の保護を講ずることは亦極めて重要なり[20]」と論じられることになった。社会局の誕生を契機に児童保護の統一的な法制化を探るなかで、児童虐待は児童労働を含むかたちで整理され、その具体的な業種を明示することになったのである。

一九二二年（大正十一年）には、救世軍東京本部に児童虐待防止部が設立され、児童虐待防止の活動に取り組むようになる。こうした社会の動きを背景としながら、児童虐待防止の法制化の議論もまたさらに次の展開を迎えることになる。二六年（大正十五年）、内務大臣の諮問に応じて国の社会事業の内容を審議する社会事業調査会が社会局内に設置された。この調査会は、二七年（昭和二年）に、国の社会事業の全体的な体系の一つとして「児童保護に関する体系」を決議し、児童保護政策の重要な課題の一つとして「児童虐待防止」を掲げるのである。[21] この決議で児童虐待として説明されたのは、「児童に対する親権の濫用、放任」「其の他児童に対する虐待行為」「心身上甚しき弊害多き特殊業務に児童を使用する」「報酬を得て乳幼児を養育する」であり、特殊業務の児童労働を含めて、これまで議論されていたものよりかなり広い範囲の子どもを対象にしたのである。

このように、大正中期（一九二〇年前後）から政府内で児童虐待防止の法制化の議論は始まり、その後、議論は時間をかけて続けられてきた。新聞紙上をみるかぎり、社会の関心として児童虐待の問題の中心はあくまで貰い子と継子の問題のままだったものの、政府内の議論のなかで児童虐待は総合的な児童保護の法制化の一部として論じられるようになったことで、その範囲は少しずつ広がりをみせるようになっていったのがわかる。だが、児童虐待と呼ぶことができる範囲はまだ緩やかにしか定まっておらず、しかし緩やかなままだったからこそ、児童保護の議論の経過とともに、様々な子どもの問題が「虐待」の問題として論じられることになった。児童虐待防止の法制化の議論は、こうした問題の領域の拡張という特徴のなかで具体的な検討が続けられたのである。

3　岩の坂貰い子殺し事件と児童虐待問題の変化

貰い子殺し事件と児童保護法

そしてついに、児童虐待防止の法制化の実現に向かう大きな事件が世の中をにぎわすことになる。一九三〇年（昭和五年）四月、東京府下の板橋で貰い子殺しの事件が発覚する。この事件が社会を大きく震撼させたのは、事件が起こったその地域で、養育費目的に貰われてきた子どもが常習的に次々と殺害されていて、一年間で三十人以上の貰い子が変死していたことがこの事件をきっかけに報じられたことにある。いわゆるこの「板橋岩の坂貰い子殺し事件」は、その被害の規模の大きさや事件の内容の異様さから社会の注目を大きく集め、事件の詳細が連日報じられることになった。それら連日の報道が社会の新たな関心を呼び、またその関心に応えるようにして事件の詳報が続けられていった。貰い子殺しの議論は再び社会問題の色彩を帯びていったのである。

この貰い子殺し事件の報道が、これまでの貰い子殺しの事件の報道と大きく異なるのは、問題に介入する社会事業関係機関の役割である。この貰い子殺し事件の報道では、社会事業の関係機関がこの問題に全面的に介入して問題解決の対応を迫る活動をおこなったことが積極的に報じられたのである。とはいえ、社会事業関係者がこの問題に対応する様子は、明治期の貰い子殺し事件の報道でもみられるものだった。原胤昭が一九〇九年（明治四十二年）から日本で初めての児童虐待防止事業を個人で開始して、それを新聞紙上でも報じていたことは前述のとおりである。しかし、虐待問題の解決を組織的な社会事業として捉えるような議論を積極的に報じることはこれまでなかったのである。

この事件では、社会事業の関係機関が貰い子殺しの問題を定義し、問題解決のための法律の制定と被害児童の保護のあり方について提言し、実際に活動を進めていくことになる。彼らの主張は、貰い子殺しを社会問題として構築するたいへん大きな影響力をもったクレームになっていくのである。例えば、次のような記事にその特徴は顕著にあらわれている。

> 社会事業関係が貰い子保護運動　九日関係者間で具体的協議　（略）貰い子の裏には見るに堪えぬ虐待が至るところに伏在して居り、（略）中央社会事業協会の原氏は『（略）貰い子の虐待を防止し保護する。（略）これには一方には法律の力で、一方では社会協同の力で保護する外なかろう。今迄に内務省で古くから立案された児童保護法があるが、未だ議会にも提出されずにいる。それを促進して（略）保護と監督に努めるなどいろいろあろう』と語った[22]（傍点は引用者）

着目すべきは、先にも触れた児童保護法の扱いである。議会への提出が実現していない児童保護法だったが、関係機関はこの法律の制定に期待を寄せ、その実現によって貰い子殺しという児童虐待に対応しようとする姿勢にあったことが確認できる。

この主張は、新聞紙上だけでなく、社会事業関係雑誌にも登場することになる。岩の坂の貰い子殺しが発覚した直後の四月十八日に、東京府社会事業協会では被虐待児童問題座談会を催し、その記録を当協会刊行の「社会福利」一九三〇年五月号に掲載している。[23]座談会では、この問題に対して新たな法律の取り締まりによって対策を講じることの重要性が主張されている。内務省では現在「児童保護法」の法律案について具体的に検討が進められていて、これに「子供を預つたならば、必ず警察署へ届け出でて、そして許可を受け」なければならない規定が設けられる予定であることが紹介されている。

しかしこの法案は、これまでたびたび議会に提出される段階には至るものの、児童保護の取り締まりには非常に費用がかかるために一貫した方法を設けることができないこと、また貰い子についても届け出をせずに隠れて実子にしてしまうと取り締まりができないので地域を巡回する多くの人員を要することから、いまだに提出が実現されていないと説明されるのである。

それでもなお、虐待される貰い子のためには、新たな法律と子どもを保護する施設が必要であることが強く主張されている。座談会は「大いに保護法の実現の為世論を喚起したい」という言葉で締めくくられている。児童保護法の実現は茨の道だが、虐待の問題については児童保護法によって対応していく姿勢であることが示されるのである。

その後、児童保護法への期待はますます高まっていく。板橋の事件後、新宿、西新井、代々幡など、板橋と同様の貰い子殺し事件が次々と報じられたのである。これらの事件の報道では、貰い子殺しの問題化のあり方に新たな局面がみられるようになる。そこでは、板橋の事件と同様に、養育金目的でやりとりされた貰い子が大量に殺害されたことに議論が集中していくのだが、議論の新たな展開として、養育金付きの貰い子のやりとりを仲介斡旋する産院や産婆に対して社会の厳しい目が向けられるようにもなっていったのである。貰い子殺しは虐待として問題化されるとともに、産院や産婆の取り締まりや規制の問題としても語られたのである。[24]

貰い子殺しの背景には様々な要素が複雑に関連していて、この問題を解決するためには特別な法律が必要であることがより強く認識されるようになっていく。そして実際、貰い子殺しの問題の解決を想定して、具体的な法律案の検討がおこなわれることに関心が向けられるようになるのである。このときその役割を期待された法律案は、児童保護法だった。[25] 児童一般を包括的に保護する法律の制定によって、貰い子問題に対応する指針がここでもあらためて強調されたのである。

児童虐待の全国調査と虐待問題の変化

貰い子殺しが虐待問題として社会の大きな関心を呼び、児童保護の法制化の議論が展開されていくなかで、児童虐待問題のその後の展開に大きな影響をもたらすことになる重大な機会が訪れる。一九三〇年（昭和五年）八月に内務省社会局が、警視庁をはじめ全国の府県警察に対して、各府県での児童虐待の詳細な事実調査を実施し、その結果を八月末までに提出することを求める通牒を通達したのである。この全国調査が、児童虐待防止の議論の大きな転換点になっていくことになる。

全国調査の実施を新聞記事は次のように伝える。

虐待されている児童を保護　先づその準備として全国的に実情を調査（略）内務省社会局では、これら可憐な被虐待児童を浮世の無残な魔手から保護すべく、目下児童保護法の制定を急いでいるが、この法案の制定には可成り多額の経費を要し、政府の緊縮方針とまつて未曾有の予算編成難の折柄早速には実現を危ぶまれているので、取敢ず児童保護法の制定される過渡期の応急処置として現在実際に虐待を被つていることの判つている児童達だけでも何等かの方法でその虐待のもとから免れさせてやらうと云ふことになり[26]（傍点は引用者）

記事は、この全国調査実施の背景として児童保護法の制定に触れている。虐待児童の保護のために児童保護法は必要だが、実現までの道のりは険しい。しかし児童虐待の問題は、すぐに対応が迫られている喫緊の課題でもある。したがって、まずは現状、虐待に苦しむ子どもたちの存在を明らかにして、彼らの救済に取り組んでいくことが必要であり、そのための全国調査ということである。あくまで児童保護法の制定が目指されるが、児童虐待は早急になんとかしなければならない問題であるために全国調査をおこなう必要がある。こうしたねらいのもとで、児童虐待の全国調査は実施されたと説明されている。

そして同年九月に公表された全国調査結果は、人々にとって驚くべきものだった。新聞記事には「生きながら地獄にこの夥しい数！全国で十万人もある児童虐待 調査の結果公表さる[27]」という見出しとともに、全国調査の結果として「全国で十万人」という児童虐待の「実数」が公表されたのである。新聞は、調査の結果として、全国の大規模な児童虐待の「実態」をこうしてセンセーショナルに伝えたのである。

しかしこの全国調査でさらに重要なことは、調査項目として、虐待の「種類」が内務省から公式に示されたことにある。記事では、調査対象の内容として「被虐待児」に加えて、「曲馬、軽業、その他これに類する危険な諸芸に使用される児童」「公衆の観覧に供されていた不具奇形児」「特殊の業務に従事する児童」「報酬による養児」の五つの分類が示されたのである。

この調査では、単に児童虐待の統計的な「実数」だけが明らかにされたわけではない。本調査が成し遂げたのは、子どもへの虐待に関する内務省社会局の認識、すなわち、家庭内の子どもにとどまらず、街頭での労働や見せ物、特殊業務の労働に就く子ども、そして報酬を伴って受け渡しされる子どもまでを虐待被害の対象とする認識を、調査結果の「実数」として具体的に提示したことにある。全国調査の結果を伝える新聞各社の記事をみても、危険な諸芸に使用される児童や特殊業務に従事する児童の「実態」に大きく光を当てて問題化している。子どもたちへの虐待の「実態」が調査を通じた「実数」によって裏づけされることで、「児童虐待」の全体像に明確な輪郭が与えられることになったわけである。それは、政府内での議論を超えて社会の人びとが児童虐待をみる新たな見方を、つまり児童虐待に児童労働などを含めてみる見方を有効なものにしたのである。

さらに、この全国調査が、児童虐待問題にもたらした影響がもう一つある。調査以降、新聞記事では、児童虐待に対応する法制度として、児童保護法とともに児童虐待防止法の呼び方が、たびたび登場するようになっていくのである。(28) これは、貰い子殺し事件の一連の報道と全国調査の結果によって、とにかく児童虐待を防止するための法制度の整備が急務であるという認識が醸成された結果としてみることができる。同時にこれは、街頭などでの特殊な児童労働を児童虐待防止法の制度によって救済することを求める社会の関心の形成ともいえるだろう。

こうした問題構築の変化による子どもの保護の新たな要請は、確かに近代的な子ども観の浸透の結果としてみえてしまう。私たちは、児童虐待防止の法制化を求めるこうした社会の変化の様子に、近代的子ども観の浸透を読み解くことができてしまうのである。しかし、事態はここからさらに変化していく。ここまで児童虐待の重大な問題だったはずの貰い子殺しが、児童虐待の議論から姿を消していくのである。

4　新たな貰い子殺し事件と産院・産婆問題

内務省の全国調査以降、新聞各社は児童労働を問題として積極的に記事にしていく。こうした社会の後押しもあり、一九三〇年（昭和五年）十月、内務省は再び児童保護法の提出を試みる。新聞記事は、第五十九回帝国議会に提出される内務省関係の法律案の一つとして児童保護法を挙げ、次のように説明する。「貰子、継子の虐待、花柳界の養子、養女制度に対し取締防止規定を設くるものなるが来議会提出は目下未定である」(29)。結局のところ、記事でも「未定」とあるとおり、このときの児童保護法案もまた提出を見送られることになる。一方で、貰い子、継子とともに、特殊業務に就く養子や報酬による養女を同じ法律で保護すべき対象としているところに、虐待だけでなく幅広く児童の保護を目指す内務省の方針をみることができる。

板橋の事件をはじめ各地の貰い子殺しが大きな社会問題として議論された翌年の一九三一年（昭和六年）四月、内務大臣は「社会の現況を鑑み児童の虐待防止に関する法制を定むるの必要あるを認む」[30]として、第六回社会事業調査会で「児童虐待防止に関する件」を諮問した。これは、総合的な児童保護に関する諮問ではなく、児童虐待防止に特化した諮問であった。ここにきて内務省社会局は、実現の難しい児童保護一般の法律制定ではなく、児童虐待防止単独での法制化に方針を切り替えたのである。社会事業調査会は、同年七月「児童虐待防止に関する法律案要綱」を内務大臣に答申する。この答申をもとに内務省で作成された法律案が、三三年（昭和八年）三月の第六十四回帝国議会に提出されたのである。

ここまで、一九三〇年（昭和五年）の一連の貰い子殺し事件を皮切りに、児童虐待問題に対する関心が社会で高まっていくなかで、内務省による児童虐待全国調査をきっかけとして虐待への社会の関心が特殊な児童労働にまで及んでいった過程をみてきた。こうした社会の動きが、児童虐待防止法の議会提出をもたらしたと、ひとまず捉えることができる。先行研究でも、三〇年（昭和五年）の貰い子殺し事件が児童虐待防止法の誕生の発端だったことは繰り返し指摘されてきたことである。[31]しかしながら、私たちはこの過程を、新たな子どもの保護の形成の歴史として、「近代的な子どもの誕生と浸透」の達成と簡単にみていいだろうか。

児童虐待防止法案の議会提出後の社会の動向をみてみたい。一九三三年（昭和八年）三月、児童虐待防止法が議会で審議されているまさに同じ時期、新たな貰い子殺しが社会を震撼させることになる。三〇年（昭和五年）の板橋やそのほかの地域の事件と同様、養育費付きの嬰児が貰われたのちに次々と殺害される犯行が明るみに出て、新聞各紙はそれを大々的に報じたのである。事件は、「岩の坂のもらひ子殺しにも比す戦慄すべき稀代の嬰児殺し」(32)として報じられることになった。

さらにこの事件で新聞各社が大きく伝えたのは、殺害された貰い子の数の多さに加えて、貰い子を入手するその方法だった。犯人とされた男性は、新聞広告をみて仲介者の産婆から養育費付きの子どもを貰い受けるが、金銭を手にしたあとすぐさま殺害していったことを説明している。児童虐待防止法が議会で審議されるのと同じ時期だったことから、法律の必要性の裏づけとしてこの事件を報じる記事はあったものの、この事件の報道を通じて児童保護の法制化それ自体を要望するクレームは、当然ながら登場することはなかった。かわりに新聞各社が論じたのは、貰い子の仲介役を担った産院と産婆の問題だった。

産婆規則を改正し乳幼児を保護する（略）仲介した産婆はその際貰ひ先の本人氏名の住所を帳簿に記入し、稀に巡回する取調べ係官に提示すれば事足りていた。その為産婆の意志一つで無心な幾多の生命は人手へ易々と渡り、貰ふ人に悪意がある場合今回の如き惨忍な犯行材料にされてしまつたのだ（略）今度再び岩の坂第二世の悪鬼〇〇が現れたので、この際何とか徹底的な取締規則を作りたいとの意見が急に濃厚になつてゐる(33)

法律制定の要望が実現したあとの貰い子殺しの事件では、産院、産婆の仲介に対して十分な取り締まり規則がないことを問題とするクレームが「悪徳産婆」や「鬼産婆」という表現とともに提示された[34]。産婆による貰い子の仲介を取り締まるための十分な規則がなく、貰い子の斡旋が産院を通じて無造作に執り行われることが問題にされたのである。一九三〇年（昭和五年）の板橋の事件でも、産婆や産院の問題を取り上げて、「児童虐待」の複雑さをクレームする議論は展開されてはいた。しかしながらそのときとは異なり、この三三年（昭和八年）の貰い子殺しの議論には、貰い子の扱いを「児童虐待」として問題化するクレームが登場してこないところに特徴があった。

一九三〇年（昭和五年）の貰い子殺しでは、事件が「虐待」としてクレームされ、新たな児童保護の法制化を訴えることで問題構築が達成されていた。しかし児童虐待防止法の制定を目前に控えたこの段階では、それまで有効だった（「貰い子は虐待されているので、彼らを保護する新たな法制度が必要」という）クレームの論理は十分な役割を果たさなくなる。とはいえ、法律制定の実現を目前に控えたとしても、貰い子殺しを問題化する必要がなくなったわけではない。このたびの貰い子殺しでは、これまでの事件との差異にあらためて焦点が当てられ、事件の別の局面を浮き彫りにするようなクレームを生成することで問題構築が図られることになった。それが産院、産婆の問題であった。

産院、産婆の問題に大きく注目が集まる一方、貰い子殺しの事件が児童虐待の文脈では語られなくなるばかりか、新聞記事での児童虐待防止法の議論のなかでも、貰い子殺しの事件は取り上げられなくなっていく。それには大きな理由がある。議会に実際に提出された児童虐待防止法案のなかには、貰い子の保護を扱う項目がまったくなくなっていたからである。児童虐待防止法の法律案は、工場労働以外の各種の児童労働を「虐待」と定義して、その取り締まりだけを内容とするものになっていたのである。

法律策定段階での児童虐待の対象の変容には、貰い子をこの時代に「虐待」として取り締まろうとすることの困難さが現れているように思われる。おそらく社会の率直な反応として、貰い子殺し自体は問題だが、同時に貧困家庭の子どもや非嫡出子などへの対応もまた必要であると考えられ、社会の仕組みとして長く続けられてきた貰い子の慣習そのものを大々的に取り締まることがやはりできなかったように思われる。また、法律が実際に制定された場合、全国各地の貰い子の存在を確認し保護するための作業にも、多くの人員と予算を必要とすることになる。長年、児童保護法の実現を阻んでいた課題も同じくこの点にあった。貰い子を「虐待」として定義して、児童虐待の取り締まりの対象とするためには超えなければならないいくつものハードルがあり、そのハードルを超えないかぎり、児童虐待防止法は、繰り返し提出を先送りにされた児童保護法と同じ轍を踏むことになりかねない可能性があった。このような理由から、貰い子は、児童虐待防止法の実際の議会提出に際して、法律の対象から外れたものと考えられる。

一方で、内務省はむしろ、街頭児童労働を取り締まる法律制定を迫られる状況にあった。一九三一年（昭和六年）、ジュネーブで開催された第十五回国際労働総会の審議事項の筆頭は「工業以外の職業に使用し得る児童の年齢問題[35]」だった。一九年（大正八年）の第一回国際労働総会では、「工業に使用し得る児童の最低年齢問題」の条約が採択され、工場労働では十四歳未満の雇用が原則禁止された。その後、同国際労働総会では、工業以外の労働に関する年齢問題について度重なる検討が続けられ、三一年（昭和六年）に前述の審議を迎えた経緯がある。総会では前述の議題を審議して、翌三二年（昭和七年）の第十六回国際労働総会で「工業以外の職業に使用し得る児童の年齢に関する条約」と「工業以外の職業に使用し得る児童の年齢に関する勧告」が採択された。[36] 同条約は「工業以外の最低年齢を原則として十四歳としたものであつて、工場、農業、海上に於ける既存の最低年齢条約案と共に一体系を構成」するものであり、また同勧告は「軽易なる業務、公衆娯楽業、危険なる業務等について条約案の規定を補[37]」うものだった。こうした背景から内務省は貰い子殺しの社会問題化の機に乗じて、児童労働を含めて児童虐待の問題化を図ったと推測できる。

5　児童虐待防止法の成果の無効化

児童虐待防止法の成果をめぐる攻防

貰い子が児童虐待防止法のなかでの保護の対象から外れたかわりに、街頭や特殊業務の児童労働が児童虐待として保護の対象に位置づけられるようになった。その点で、児童虐待防止法の制定は、子どもの保護の新たな体系化の実現として認めることができる。しかしながら、その事実をもって、児童虐待防止法の制定の歴史を、「近代的な子どもの誕生と浸透」として評価することは早計だろう。そうした予見的な判断によって歴史をみることで、取りこぼされる社会の局面がある（図２）。私たちは、法律の制定による子ども観の近代化を所与とせず、法律制定後の児童虐待問題の議論を

図2　「貧弱な財布の中より社会政策」
議会での児童虐待防止法の成立を伝える新聞の風刺画。内務大臣の山本達雄が古びた袋から金を取り出し、角兵衛獅子の子らに渡そうとする姿が描かれる。子どもの表情や「おぢさんふんぱつしたね」というセリフが、法律をめぐるこの時代の反応を物語っている
（出典：「東京朝日新聞」1933年5月12日付）

より詳細にみていく必要がある。

そこで児童虐待防止法が施行された十月一日前後の新聞記事を確認することから始めてみたい。それらの記事でまず目を引くのは、街頭で労働する子どもたちの様子である（図3）。新聞は、児童虐待防止法の成果として、街のなかで労働する子どもたちの数が減少したことを記事にしていく。[38]

しかしその一方で、法律施行後の数日のうちに、児童虐待防止法の制定によって労働ができなくなってしまった子どもたちの窮状を訴える記事がみられるようになる。[39] この記事は、児童虐待防止法で認可制度への申請が初めて提出されたことを報じるものである。

同法第七条は、労働や特殊業務での児童の使用を禁止もしくは制限することを規定しているが、ただしその禁止もしくは制限には、「地方長官が（略）必要ありと認むるときは」という条件を付し

ている。

つまり、児童虐待防止法は、地方長官が認めた場合にはじめて、十四歳以下の児童の労働が禁止もしくは制限される仕組みになっているのである。この点は、帝国議会の審議で提出された修正動議によって条文の内容が変更された部分であり、強制的な禁止事項を定められなかった点で、新聞紙上でも「殆ど全く骨が抜かれてしまった」[40]と批判された部分でもある。とはいえ、この記事は男児が、児童虐待防止法の施行によって仕事ができなくなってしまうことに困り、苦しい家計を助け

さしのべられた温い法の手を逃げ廻る子等

けふ・兒童虐待防止法の實施

その前夜・街裏を巡る

図3　「さしのべられた温い法の手を逃げ廻る子等」
児童虐待防止法実施の前夜の街の様子を伝える新聞記事。法律によって「保護」されることを恐れた街頭の子どもたちが街中を逃げ回る様子が伝えられる
（出典：「報知新聞」1933年10月1日付）

るために認可の申請を提出したと報じているのである。
これらの記事からは、児童の労働に対する忌避の念や規範が、必ずしも強くあるわけではないこの時代の社会のありようを読み解くことができる。問題は、児童虐待防止法という法律の誕生によって、児童の労働を忌避する規範が常に公的なかたちで参照可能になったことにある。たとえ児童労働がある条件下では容認可能だったとしても、児童虐待防止法の存在がその児童労働を規範とは相反する、あるいは規範から外れたものとして論じる仕方を用意したのである。例えば、児童虐待防止法は、家族のために働く納豆売りの子どもであっても、虐待の「被害者」として語る立脚点を社会に生み出すことになってしまう。しかし、子どもたちの納豆売りによって救われる家族にも社会の目は注がれるのである。

納豆の糸に繋がる命六つ　父は病み、母は産褥に死し　娘十歳、一家の柱に（略）健気な○○さん（○○第六小学校三年生）は、もううすらさむいきのうけふ、朝早くから可憐な声をふりしぼつて納豆を売り歩き、（略）今月はじめから学校も欠席勝ちになつている（略）家の礎となつて働く○○さんの孝女ぶりは付近の人々の同情となり[41]

学校を欠席しがちになっても、家族のために身を粉にして働く児童は「孝女」であり、同情を受ける悲哀な存在である一方、どこか称賛されるべき存在としても描かれる。これら児童労働の記事が伝えるのは、児童虐待防止法による街頭での労働児童の減少が「見せかけの成果」であるかもしれないということである。労働児童が減少したということは、それだけ児童虐待防止法によって苦難に立たされることになった児童と家族が多くあることをこうした記事は想起させる。記事は、児童虐待防止法が労働する児童や家族の生活を奪うものであることを訴え、「その政策は間違っていた」というクレームになって、児童虐待防止法の成果を無効化する力を有するのである。

一方で、児童虐待防止法の成果を積極的に報じる記事もまた様々に登場する。児童虐待防止法の施行後の報道は、こうした法律制定の成果の有無をめぐるクレームの応酬によって展開していくことになる。十月十七日には、児童虐待防止法の最初の適用によって救済され保護された児童らの姿を報じている。(42) また、児童虐待防止法の施行によって自分たちが施設へ「収監」されると勘違いした曲馬団の少年らが親方のもとから脱走したものの結局は都心で保護された話などが記事になっている。(43)

しかし、こうして児童虐待防止法が労働する児童を救済し保護する成果を着実に上げていることが報じられる一方、それと並行するように、児童虐待防止法が生む「孝行防止の悲劇」もまた新聞紙上で次々に取り上げられるのである。(44)

このように、児童虐待防止法の施行後には、その成果をめぐって二つの立場が社会のなかに存在していた。一つは児童虐待防止法の成果を積極的に訴える立場であり、一つは児童虐待防止法の施行が生む「悲劇」を報じることで法律の成果に懐疑的な視点を投じる立場である。児童虐待防止法の成果が主張されればされるほど、他方でそれとは異なる別様の子どもに光が当たり、その対立軸は鮮明になる。こうした対立軸は児童虐待防止法が施行されてはじめて言説として社会のなかへ流通していったものである。児童虐待防止法は、昭和戦前期（一九二〇年代半ばから三〇年代前半）の児童保護事業の一つの到達点とみることができる半面、児童の労働に関して対立と矛盾を含む新たな現実を構築したのである。

児童虐待防止法制定後の貰い子殺し

では、児童虐待防止の法律を要請する世論を喚起した貰い子殺しは、法律制定後の社会でどのように受け止められたのだろうか。貰い子殺しの報道は、法律制定後もなくなることはなく、新聞紙上で事件としてたびたび報じられていく。しかしながら、それらの報道に貰い子殺しを「虐待」の問題として論じる記事は登場しない。児童虐待防止法の制定後、本法律での貰い子保護の議論は、初めからなかったかのようにまったくおこなわれなくなる。かわりに議論の中心になったのは、貰い子の仲介役を担う産院と産婆である。

産院を取締まる　貰子殺しで　既報練馬の貰ひ子殺し事件（略）犯人は新聞広告をみては各所の産院を訪れ入籍を要求されれば区役所へ出鱈目な届けを出し、常に居所を転々として当局の目を逃れて居り、産院も唯手数料目当てに周旋している[45]

法律制定後、貰い子殺しは虐待問題としてではなく、かわりに産院問題とともに論じられていくことになった。児童虐待防止法は、街頭で労働する子どもを保護する法律として機能したが、貰い子を虐待として保護の対象にすることはなかった。こうした貰い子に関する問題構築の変容には、この問題に対する社会の葛藤を読み解くことができる。先に言及したとおり、おそらく社会の反応として、貰い子殺し自体は問題として捉えられていたことは間違いない。ただし貰い子のやりとりを法的に取り締まることは、慣習的にも難しかったと考えられる。実際、児童虐待防止法制定後も、貰い子殺しの事件が産院問題としてたびたび報じられるのと同じ時期、新聞広告では養育費付きの子どものやりとりを求める案内が変わらず登場し続けている（図4）。

こうした状況に対して社会は、貰い子それ自体の問題化ではなく、金銭の授受を介した営利目的の貰い子をどのようにしたらなくしていくことができるかを問題化することに集中するようになっていったのだろう。むしろ、貰い子のすべてを虐待としてクレームしてしまうことで、金銭の授受をもたらす産院の問題はみえづらくなる。そのため貰い子の慣習を虐待として取り締まるのではなく、仲介斡旋する産院との関連のなかに問題を位置づけ、そこでの対応を改善することが目指され

人事
男児生後廿日位健美児ミルク代付至急差上度省線赤羽東口降岩渕診療所横通入[redacted]

図4　貰い子の斡旋を案内する新聞の三行広告
（出典：「東京朝日新聞」1938年12月4日付）

たのではないだろうか。児童虐待防止法に貰い子を含めることができなかった社会的な背景には、こうした事態があったものと考えられる。

おわりに

このような事態は、子どもの保護の理念は法律の条文としては実現したが、社会の実態が伴わなかったという解釈だけではおそらく十分に捉えきれない。むしろ児童虐待防止法は、貰い子殺しを虐待問題としては語らない社会を形成したといえるのではないだろうか。確かに、児童虐待防止法の制定は、労働に従事する子どもを保護する体系の成立という意味で、「近代的な子どもの誕生と浸透」の一つの到達点ともいえるかもしれない。同法は、子どもの街頭労働を禁じる規範を公的なかたちで参照可能にし、子どもに対するまなざしや語りを新しく作り出していく可能性を有したのである。

しかしながら、子どもを保護する法律の制定は、子どもに対するまなざしや語り方を新たに生成するだけではおそらくない。法律というかたちで子どもを保護する体系が構築されたとき、そこには構築されたものの「外部」が出現することになる。その「外部」は、あらかじめ存在していたものではなく、一つの体系が具体的に構築されたときにはじめて（あるいは構築されると同時に）形成されるものである。

貰い子殺しは、児童虐待防止法が制定される以前から問題として論じられていた。しかしながら法律が制定されたあとの貰い子殺しは、それ以前の貰い子殺しとは異なるものになる。児童虐待防止法は、虐待問題としては語ることができない、児童虐待問題の「外部」として貰い子殺しを論じる社会を形成したのである。そのときの貰い子殺しの事件のなかで語られる子どもは、虐待の問題とは異なる、新たな問題のなかの「子ども」である。児童虐待防止法の制定後、貰い子殺しと児童虐待は、こうした関係の布置に置かれたものとして捉えることができるのである。

「近代的な子どもの誕生と浸透」という予見が、子どもの保護に関する法制化の過程を一つの見方に収斂させてしまう。そうした予見によって取りこぼされてしまう歴史の局面や特徴があるだろう。したがって、一つの立脚点にとどまることなく、子どもの歴史を描いていく必要がある。こうした子どもの歴史の理解に立ったとき、私たちは現代の児童虐待問題を捉え直すための視角を獲得することができるようにも思う。「はじめに」で触れたとおり、現代の児童虐待問題は、一九九〇年代以降に大きな社会問題として認識されるようになった。児童虐待相談対応件数の増加や「児童虐待の防止等に関する法律」の制定に象徴されるように、現代の児童虐待の問題化もまた、子どもの保護に関する社会の関心の形成と変容の歴史とともにあったことは容易に推測できる。しかしこのとき、子どもの保護をめぐる新たな社会の形成という予見をもって、現代の児童虐待の問題化の過程をみることによっては、取りこぼされていく歴史の局面があるかもしれない。

現代の社会は、一九九〇年代前後から現在に至るまで、児童虐待について何を問題にすることができ、何を問題にしてこなかったのか、あるいは子どもについて何を語ることができ、何を語らなかったのか。私たちはこうした関心に立って、児童虐待に関する資料をさらに広く詳細に探りながら読み解いていくことが必要なのではないか。そうすることで、児童虐待問題をめぐる現在の硬直化した議論をあらためて問い直し、さらに多様な観点から問題を捉えていくことができるようになるかもしれない。

注

(1)「あはれな子供に温かい救ひの手」「東京朝日新聞」一九三二年四月二日付
(2)児童福祉法研究会編『児童福祉法成立資料集成』上、ドメス出版、一九七八年、三七ページ
(3)安岡憲彦「戦時局下の貧困児童への保護施策——児童虐待防止法の制定をめぐって」『近代東京の下層社会——社会事業の展開』明石書店、一九九九年、一一三—一三六ページ
(4)J・I・キッセ/M・B・スペクター『社会問題の構築——ラベリング理論をこえて』村上直之/中河伸俊/鮎川潤/森俊太訳、マルジュ社、一九九〇年、一一九ページ
(5)「大阪朝日新聞」一八七九年二月二日付
(6)「所謂角兵衛獅子に就て研究を望む」「順天堂医事研究会報告」第六十五号、順天堂医事研究会、一八八九年
(7)「東京朝日新聞」一八九九年五月二十日付
(8)例えば、「里子と貰ひ子」「東京朝日新聞」一八九三年一月二十日付や「元島町の継子殺し」「読売新聞」一八九七年二月十七日付、など。

(9)「幼児責殺し詳報」「読売新聞」一九〇六年二月二十四日付
(10)「又も貰子殺し」「東京朝日新聞」一九〇六年六月二十八日付、「鬼夫婦又出現」「読売新聞」一九〇八年八月二十四日付
(11)例えば、「児童虐待防止」「東京朝日新聞」一九〇九年三月九日付、吉田熊次「英国における児童虐待防止会」(「婦人と子ども」第九巻第五号、フレーベル会、一九〇九年)七―一四ページ、など。
(12)例えば、前掲「英国における児童虐待防止会」一四ページ、あるいは「虐らるる子供の為」「東京朝日新聞」一九一〇年九月十日付、など。
(13)「児童虐待防止」「東京朝日新聞」一九〇九年三月九日付
(14)市場鴨村「幼児虐待に就て」、東京市養育院編「九恵――東京市養育院月報」第百五十二号、東京市養育院、一九一三年、一―三ページ
(15)原胤昭「児童虐待防止事業」「慈善」第一巻第二号、中央慈善協会、一九〇九年、四四―五〇ページ
(16)原胤昭「児童虐待防止事業近況」「福音新報」一九一〇年十一月三日付、三―四ページ
(17)例えば、前掲「英国における児童虐待防止会」、吉田熊次「児童虐待防止会」(『社会教育』敬文館、一九〇九年)、窪田静太郎「英国に於ける児童虐待防止法の梗概」(前掲「慈善」第一巻第二号)、生江孝之「泰西に於ける救児事業」(同誌)、中央慈善協会「児童虐待防止事業」(『救済事業調査要項』中央慈善協会、一九一一年)、谷本富「児童虐待禁止会」(『洋行土産談――教育宗教社会経済』六盟館、一九一三年)など。
(18)三田谷啓「児童虐待につきて」「人道」一九一六年十月号、人道社、同「児童虐待に就て」「救済研究」第四巻第八号、一九一六年、同「児童虐待に就きて」「慈善」第八巻第三号、中央慈善協会、一

九一七年、同「児童虐待調査」『児童と教育』児童書院、一九一七年、同「児童虐待に就て」「廓清」第八巻第一号、廓清会本部、一九一八年、同「児童虐待に就て」「廓清」第八巻第二号、廓清会本部、一九一八年

(19) 内務省社会局「救済事業調査会報告」、社会福祉調査研究会編『戦前期社会事業史料集成』第十七巻所収、日本図書センター、一九八五年(初出:一九二〇年)

(20) 内務省社会局「本邦社会事業概要」、社会福祉調査研究会編『戦前期社会事業史料集成』第二巻所収、日本図書センター、一九八五年(初出:一九二二年)

(21) 内務省社会局「社会事業調査会報告」、前掲『戦前期社会事業史料集成』第十七巻所収(初出:一九三二年)

(22)「社会事業関係が貰ひ子保護運動」「都新聞」一九三〇年五月七日付

(23) 東京府社会事業協会「被虐待児童座談会」「社会福利」一九三〇年五月号、東京府社会事業協会

(24) 例えば、「罪の享楽に生れ悪魔に売られた哀れ七人の幼な児達 産婆もこの際取締る」「国民新聞」一九三〇年六月一日付、「産婆取締り制度の欠陥を遺憾なく暴露」「時事新報」一九三〇年六月二日付、「犠牲児は無分別の所産 産婆規制の改正を 宮脇署長力説す」「報知新聞」一九三〇年六月十日付、「また代々幡に怪しい産婆 貰ひ子殺しの深い嫌疑」「読売新聞」一九三〇年七月八日付、など。

(25) 例えば、「貰ひ子殺し封じに頭をひねる内務省」「万朝報」一九三〇年六月十三日付、「貰ひ子殺しを防ぐ児童保護法を制定」「国民新聞」一九三〇年六月十五日付、「時節柄期待される社会立法及び施設」「東京朝日新聞」一九三〇年七月十四日付、など。

(26)「虐待されている児童を保護 先づその準備として全国的に実状を調査」「都新聞」一九三〇年八月十四日付

(27)「生きながら地獄にこの夥しい数！　全国で十万人もある児童虐待　調査の結果公表さる」「読売新聞」一九三〇年九月二十四日付

(28)例えば、「むち打たれつつ放浪する憐れな子供一万二千　児童虐待防止法案作成に調べあがった全国の実状」「国民新聞」一九三〇年九月二十四日付、「幼少年の保護に社会局乗り出す驚くべき幼少年虐待の事実　全国的の調査成る」「東京朝日新聞」一九三〇年九月二十四日付、「児童虐待に刺戟され保護法の制定を急ぐ　重大な人道問題と内務省がまず実状を調査」「報知新聞」一九三〇年九月二十四日付、など。

(29)「立案された法律改正　内務関係のもの」「万朝報」一九三〇年十月二十日付

(30)前掲「社会事業調査会報告」

(31)例えば、前掲「戦時局下の貧困児童への保護施策」、三島亜紀子「１９３３年「児童虐待防止法」に先行する児童虐待への介入に関する考察」「会津大学短期大学部研究年報」第六十一号、会津大学短期大学部、二〇〇四年、上野加代子「児童虐待の発見方法の変化――日本のケース」、上野加代子編著『児童虐待のポリティクス――「こころ」の問題から「社会」の問題へ』所収、明石書房、二〇〇六年

(32)「悪魔の手に奪はれた十六の幼けなき命　貰ひ受けては次々に絞殺　希代の嬰児殺し事件」「報知新聞」一九三三年三月十一日付

(33)「産婆規則を改正し乳幼児を保護する」「都新聞」一九三三年三月十三日付

(34)「もらい子殺しの裏　悪徳産婆が介在」「東京朝日新聞」一九三三年三月十六日付、「貰子ブローカー鬼産婆にお灸」「東京日日新聞」一九三三年四月二日付、など。

(35)内務省社会局『第十五回国際労働総会報告書』内務省社会局、一九三二年

(36) 内務省社会局『第十六回国際労働総会報告書』内務省社会局、一九三三年
(37) 国際労働支局東京支局「第十六回国際労働総会の成績」「世界の労働」第九巻第六号、国際労働局東京支局、一九三二年、一―二ページ
(38) 例えば、「虐待から温いねぐら 鬼の手を放たれる哀れな子供たちに」「国民新聞」一九三三年十月五日付、「虐待法実施で減り行く街の児」「万朝報」一九三三年十月五日付、など。
(39) 「虐待防止法へ怨み 街をさ迷ふ少年」「国民新聞」一九三三年十月十三日付
(40) 「骨を抜いた児童虐待防止法」「東京日日新聞」一九三三年三月二十四日付
(41) 「納豆の糸に繋がる命六つ 父は病み母は産褥に死し 娘十歳一家の柱に」「東京日日新聞」一九三三年十月十五日付
(42) 「門付けの子等七名 初めて温い手に 虐待防止法最初の適用」「報知新聞」一九三三年十月十七日付
(43) 「虐待防止法を感違へ曲馬団を逃出す 結局救はれた二少年」「都新聞」一九三三年十月二十五日付
(44) 例えば、「児童虐待防止法が孝行防止の悲劇を産む」「東京日日新聞」一九三三年十一月十七日付、「「法」を超えて輝く至孝の光 納豆売少年に集る同情」「東京日日新聞」一九三三年十一月二十三日付、など。
(45) 「産院を取締る 貰子殺しで」「東京朝日新聞」一九三八年十二月三日付

第3章　孤児、棄児・浮浪児の保護にみる「家庭」／「教育」

――戦前期の東京市養育院での里親委託の軌跡から

土屋　敦

はじめに

近年、児童虐待の防止や虐待を受けた子どもの保護のあり方（代替養育）をめぐる議論が盛んにおこなわれている。児童虐待をめぐる議論は、アメリカでは一九六〇年代初頭以降、日本では九〇年代以降に社会的に構築された社会問題であることが指摘されて久しい[1]。九〇年代末以降、現在に至るまでの日本社会のなかでは、「子どもの発達」を鍵概念にしながら、特に乳児院や児童養護施設などの「施設養護」に対する里親などの「家庭養護」への措置優先の原則が掲げられ、代替養育の場を改編していく動きが加速化している。また、そうした「施設の家庭化[2]」へと向かう代替養育の場の改編のなかでは、施設内のユニット化や施設の小規模化、また施設内部での食事の際の団欒の場の設定や担当制の徹底など、施設で実親と切り離されて生活する子どもたちの環境を、「家庭的な場」に近似させるための施策が求められている。

こうした現在の代替養育の場のあり方と今後の方向性を枠づけているのは、本書の主題である近代的子ども観であり、また近代的家族規範である。また、そこでは「子どもの発達」をめぐる愛着理論（アタッチメント・セオリー）に代表される発達理論が、前述の「望ましい」とされる代替養育のあり方を枠づけている[3]。

表1は、親から切り離されて施設や里親宅で生活を送る「子どもの発達」をめぐる愛着理論の、日本での興隆の系譜をまとめたものである。愛着理論は、生後二歳に至るまでに親などの特定の大人との「適切な」愛着関係が形成されない場合には、子どもにパーソナリティ形成や言語、その他心身に「発達の遅れ」が生じるとされる児童精神医学上の理論であり、同理論は代替養育の場のあり方を論じる際にきわめて大きな影響力を有している。

表1にもあるように、日本での「愛着障害」概念の興隆には、戦後一九四〇年代後半から五〇年代と九〇年代以降の時期に区分してそれぞれ山が存在する[4]。一つめの山は、戦後直後の戦災孤児や浮浪児などの施設収容に際して、乳児院や児童養護施設などの施設養護が大きく進展した時期であり、二つめの山は「児童虐待」概念が人口に膾炙するとともに、被虐待児をめぐる代替養育のあり方が大きな社会問題になっていく時期である。いずれの時期も施設養護に対する批判を伴いながら、

表1　施設養護での「愛着障害」概念興隆／衰退の見取り図

年代	出来事	用語・標語
第1期：1940年代後半－50年代後半	施設養護の場への応用と施設批判の形成	「ホスピタリズム（施設病）」「母性的養育の剥奪」「最悪な家庭は最良の施設に優る」
第2期：1960年代初頭－60年代後半	一般家庭児童に対する家庭対策、ボウルヴィ革命	「母性的養育の剥奪」「愛着障害」
第3期：1970年代初頭－80年代	家庭のなかに見られるホスピタリズム的症状の指摘	「マスクト・デプリベーション」「愛着障害」
第4期：1990年代－現在	児童虐待問題との接近・接続	「ネグレクト」「愛着障害」

（出典：土屋敦「社会的養護における「愛着障害」概念興隆の2つの山――1940年代後半～2000年代までの日本の施設養護論の系譜を中心に」、福祉社会学研究編集委員会編「福祉社会学研究」第17号、福祉社会学会、13ページ）

代替養育の場で里親委託を中心とする「家庭養護」が推し進められた時期に該当している、という共通点がある。

近年、こうした代替養育の場の「家庭化」のなかに含有される近代的子ども観や近代家族規範を、フィリップ・アリエスの議論を経由した子ども史・子ども社会学や、近代家族論を経由した家族史・家族社会学の視座から批判的に検証していく作業がなされるようになった。[5] 他方で、それらの研究は特に戦後の児童福祉法制下の分析、そしてフィールドワークを軸になされた現在的な代替養育の場での子ども観や家族規範の解明に主眼を置いたものであり、本書が対象にする前期近代（特に一九〇〇年代から三〇年代）の代替養育での問題認識枠組み（施設養護に対する家庭養護優先の原則の枠組みの形成と普及）に関する踏み込んだ分析がこれまでなされてきたわけではない。

本章では、この前期近代（戦前期）日本の代替養育の場での子ども観や近代家族規範の形成／不形成を、「子どもの発達」概念の歴史社会学の視座から、特に要保護児童に対する「家庭」／「教育」の論理形成との関連で、また本書の課題である「近代的子ども観」の単線的な「誕生→浸透」図式を批判的に検証しながら描き出すことを目的としている。その際に、戦前期日本の児童保護事業の中核的存在だった東京市養育院から出された里親委託数の推移に着眼しながら、戦前期日本の代替養育の場と近代的子ども観や近代家族規範との交錯関係を問いの俎上に載せる。(6) こうした作業は、現在私たちが常識と見なしている代替養育の場での子ども観や家族規範を、歴史という軸から問い直す作業にもつながるはずである。

1　近代的子ども観の単線的な「誕生→浸透」図式を再考する

フィリップ・アリエス『〈子供〉の誕生』の隘路

序章「子ども観の近代性と多様性への視角――「誕生」図式を問い直す」で元森絵里子が論じたように、単線的な「誕生→浸透」図式にのっとって描き出されてきた近代的子ども観は、都市部の新中間層の家族で「誕生」し、それが農村部や都市下層労働者へと単線的かつ全域的に「浸透」していったものとして捉えられることが多い。またこの図式に沿って、子どもや家族をめぐる多くの歴史研究が産出されてきた。その意味で、この近代的子ども観の単線的な「誕生→浸透」図式は、子ども史や子ども社会学が内包する一つの方法論的呪縛でもある。アリエスは前述の主題について

『〈子供〉の誕生』のなかで以下のように記述している。

中世的家族が、十七世紀家族へ、そして近代的家族へと進化していくといっても、それは長いあいだ、貴族やブルジョア、富裕な職人、富裕な勤労者に限られていた。十九世紀においてもなお、人口の大部分を占める最も貧しく最も人数の多い層は、中世的な家族のような暮らしをしていたのであり、子供たちが親元に留まることはなかった。家とか「自宅」、家庭といった意識は、こうした人々には存在していなかったのである。（略）この家族意識は、徐々に社会の他の層に拡大されるようになろう。（略）その後、家族は、それが貴族階級ならびにブルジョワに起源を持つことも忘れ去られてしまうほどに、社会のほぼ全体に拡がったのであった。[7]

アリエスの議論にもみられる近代的子ども観や近代家族規範の単線的な「誕生→浸透」図式は、近代日本でのこの規範の「誕生」と「浸透」とを描き出す際にも転用され、近代日本を対象とした子ども史、家族史、そして子どもや家族をめぐる歴史社会学のあり方を拘束してきた。例えば、『戦略としての家族』[8]のなかで牟田和恵は、明治二十年代（一八八〇年代後半から九〇年代後半）の日本社会のなかで、family の翻訳語としての「家庭」概念が多くの知識人層に雑誌媒体を通じて共有されていくこと、またそのようにして「誕生」した近代的子ども観や近代家族規範が、明治末年から大正期（一九一〇年前後から二〇年代半ば）の産業化と都市化の進展のなかで、都市中間層の形成とともに実践に移されていったことを論じている。同様の単線的な「誕生→浸透」図式は、家族の戦後体制論を展開した落合恵美子の議論にもみられる。落合は、明治中期から大正期（一八九〇年前後から一九二〇年代半ば）にかけて近代家族が新中間層規範として「誕生」したとする研究知見を踏まえながら、それが戦後、特に高度経済成長期の核家族化の進展のなかで社会に全域的に「浸透」し大衆化したことを指摘し、近代家族が全域化した現象を「家族の戦後体制」と名づけた。このような研究群を受けて、近代日本で近代的子ども観や近代家族規範は、「明治二十年代（一八八〇年代後半から九〇年代後半）に欧米圏から輸入され「誕生」し、明治末期から大正期（一九一〇年前後）にかけて新中間階層の形成に伴って実践され始め、戦後、特に高度経済成長期にかけて他の階層に全域的に「浸透」した」(9)とする歴史像が形成され広く共有されることになった。

代替養育の場での近代的子ども観の歴史を描くために

本章で扱う棄児や浮浪児、そして孤児院や里親などをめぐる、代替養育の場で形成された近代的子ども観や近代家族規範を問い直す作業は、この単線的な「誕生→浸透」図式に照らせば、新中間階層から最も隔てられた、「末端」に位置づけられた子どもたちをめぐる子ども観、家族規範の形成・展開史を歴史社会学の視座から描き出す作業となる。つまり本章で論じるのは、「誕生→浸透」図式にのっとれば、近代的子ども観や近代家族規範の「浸透」が最も遅れるはずの人々を対象とすることになる。

他方で、彼ら／彼女たちの生活が社会的に最も周縁化された場に位置づけられるからこそ、そこで展開される子ども観や家族規範の形成は、この単線的な「誕生→浸透」図式では捉えられない側面を多く有する。その意味で、「末端」に位置づけられた子どもの近代を描く作業は、近代的子ども観や近代家族規範の単線的な「誕生→浸透」図式に大きな修正を迫るものになるはずである。

例えば、近代家族規範が日本社会に輸入されるのは明治二十年代から三十年代（一八八〇年代後半から一九〇〇年代後半）だが、稲井智義や足達咲希による孤児院研究[10]では、この時期に設立された岡山孤児院と上毛孤児院のなかで、院内に収容された孤児や棄児、浮浪児に対して「家庭的な養育」が一般家庭に普及するよりも早く先駆的に実践されていたことを明らかにしている。また鈴木智道は、本書で単線的な「誕生→浸透」図式と呼ぶ近代的子ども観や近代家族規範の普及仮説を批判的に検討するとともに、近代日本の社会事業形成期である一九二〇年代に焦点を当てて、そうした子ども観や家族規範が社会事業の実践では下層社会の家族に対する『「家庭」』モデルにしたがって家族を枠づけていく政治的な認識と実践[11]」を有していたことを指摘している。また筆者は、親から切り離されて施設などで養育される子どもにみられるとされる、子どもの「発達の遅れ」（「愛着障害」）をめぐる概念の変遷を追うなかで、敗戦後日本の戦災孤児施設の運営に際して、まず「家庭のない子ども」を研究対象としてこの概念が生み出され、のちに高度経済成長期に一般家庭の子どもの発達をめぐる議論として作り直されていく、という「愛着障害」概念の「末端」から「一般家庭」への転用プロセスを分析している[12]。

稲井や足達、鈴木や筆者による孤児・浮浪児研究からみえてくるのは、そうした社会の周縁部に位置づけられた子どもたちと近代的子ども観や近代家族規範との接点は、新中間層規範の単線的な「誕生→浸透」図式で論じられるものではないということである。代替養育の場は、ときには近代的子ども観や近代家族規範が先駆的に適用される場になり、またときには統治の論理が先鋭化する場になり、またときには新たな発達理論が練り上げられる実験場にもなるという、何重にも入り組んだ政治的な場としてある。

里親委託／施設措置と代替養育の場での子ども観・家族規範

本章の目的は、孤児や棄児、浮浪児といった近代日本の「保護されるべき子ども」の、代替養育の場では施設養護（乳児院、孤児院など）に対する家庭養護（里親委託など）優先の原則がどのようにして浸透したのか／しなかったのかを、近代的子ども観や近代家族規範との交錯関係の下に、愛着理論などの「子どもの発達」理論との交錯関係のなかで、また近代的子ども観や近代家族規範の単線的な「誕生→浸透」図式を批判的に検証しながら検討することだ。

多くの場合、近代日本の代替養育の場での施設養護に対する家庭養護優先の原則の移入は、一九〇九年（明治四十二年）にアメリカでセオドア・ルーズベルト大統領の下でおこなわれた、児童福祉に関する第一回ホワイトハウス会議での以下の文言、すなわち「家庭生活は、文明の所産のうち最も高い、最も美しいものである。児童は緊急なやむをえない理由がないかぎり、家庭生活から引き離されてはならない」を引用して、その原則が移入されたという整理がなされることが多い。

第一回ホワイトハウス会議で提示された、この代替養育での施設養護に対する家庭養護優先の原則は、日本では同年十月に中央慈善協会から出された機関誌「慈善」のなかで、戦前期日本の児童保護の主導的立場にあった生江孝之によって「泰西に於ける救児事業」[13]という論考のなかで早くも

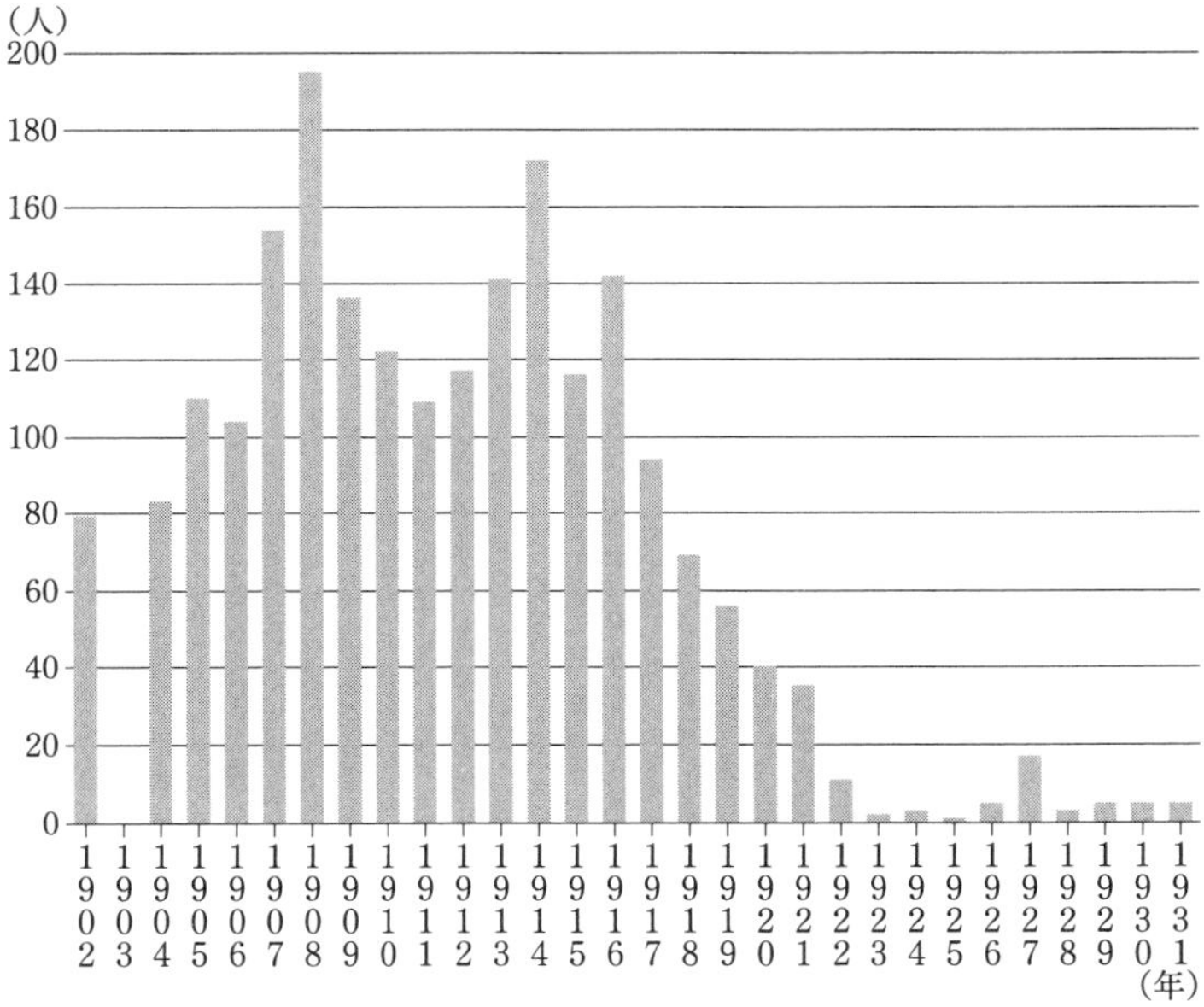

図1　東京市養育院から院外委託される里子数の推移（1902―31年）
（出典：各年の東京市養育院編『東京市養育院年報』〔東京市養育院〕から筆者作成）

言及されている。そして施設養護に対する家庭養護の原則は、戦前期にも児童保護に関する専門家に広く共有されていた認識であった。[14]

もし仮に、この原則やそこに内包されている近代的子ども観、近代家族規範の移入が円滑におこなわれ、この原則がこの明治後期以降（一九〇〇年代以降）の近代日本の代替養育の場に「浸透」して厳格な運用がなされたとするならば、二十世紀初頭以降の日本での施設への子どもの措置は忌避され、他方で里親委託に代表される家庭養護の措置を受ける子どもの数は増えていったはずである。しかしながら、東京市養育院からの里親委託件数の推移をみるかぎり、事態はそのようにはならなかった。その様子を、戦前期に東京市養育院から出された里子の年次的データを確認しながら検討していきたい。

図1からも明らかなように、戦前期の東京市養育院からの子どもの里親委託は、一九〇〇年代初頭（明治三十年代）以降、いったんは増加傾向を示し、〇八年（明治四十一年）に年間百九十五件になって一度目のピークを迎える。その後、第一回ホワイトハウス会議がおこなわれ、施設養護に対する里親委託優先の原則が移入された時期に該当する〇九年（明治四十二年）以降に里親委託件数は低下を始め、一一年（明治四十四年）には年間百九件になる。その後、この里親委託件数は一四年（大正三年）まで再度増加を続けたあと（百七十二件）、劇的な減少を経験するとともに、三三年（昭和八年）には〇件に至る。[15] 東京市養育院が出す里親委託件数データは、近代的子ども観や近代家族規範の単線的な「誕生→浸透」図式を裏切るようにして、近代化の進展とともに増加するのではなく、むしろ劇的な減少を経験することになる。

では、一九〇〇年代から三〇年代までの里親委託実践の減少はなぜ生じたのか。この里親委託件数減少の要因を明らかにしていく作業には、近代的子ども観や近代家族規範の単線的な「誕生→浸透」図式とは異なる分析枠組みが求められるだろう。

2　東京市養育院はどのような場所だったのか

「教育」機関としての東京市養育院

本論に入る前に、本章で対象とする東京市養育院の概要を整理しておきたい。東京市養育院は、一八七二年（明治四年）のロシア皇太子の来日準備の過程で、東京府内の路上や街頭にたむろする浮浪者たちを目につかない場所にいっせいに収容したことに端を発する。その後、行旅病人や身寄りがない困窮者、棄児や孤児、浮浪児などの身寄りがない子どもや虞犯少年などを収容する施設として展開していく。東京市養育院は、明治期（一八六〇年代後半から一九一〇年代前半）から大正期（一九一〇年代前半から二〇年代半ば）の社会事業を代表する近代日本の社会事業史上の一大拠点だったということができる。東京市養育院に内包されるイデオロギーを検証した中嶋久人はこの施設を、ルイ・アルチュセールの議論を援用しながら「都市下層民衆を隔離し囲い込んでいる養育院という国民国家の抑圧装置」[16]と評している。

また二十世紀初頭以降、東京市養育院では「子ども」を対象とした専門施設の設置を進めている。一九〇〇年（明治三十三年）には浮浪児や虞犯少年の保護・教育のために感化部を設置して、対象児童に対する犯罪の予防が企図される。また、〇九年（明治四十二年）五月十六日には虚弱児や結核児童のための安房分院が、また同年六月五日には、健康児を大人の収容者から切り離すための巣鴨分院設置が設置される。

なお、本章で特に注目したいのは、東京市養育院内の「教育」のあり方についてである。図2は、東京市養育院内に付設された附属学校を描いたものであり、図3は養育院内幼稚室での子どもの

「遊戯」の場面を描いたものである。いずれも、一八九六年（明治二十九年）当時、東京市養育院主事の任にあった安達憲忠が施設外からの訪問者向けに作成した紹介冊子からの引用である。

十九世紀末当時、東京市養育院に収容される学齢期の孤児や浮浪児はいずれも下層階級に出自を有し、その多くは未就学の子どもで占められた。学校に行かず浮浪し、スリなどの非行を繰り返す

図2　東京市養育院内附属学校
（出典：安達憲忠『東京市養育院沿革及実況』東京市養育院、1896年、24ページ）

図3　東京市養育院内幼稚室
（出典：同書29ページ）

下層階級の子どもたちは、児童保護の専門家からは「犯罪者の予備群」と見なされていて、彼ら／彼女たちを院内に収容し「教育」を施すことが養育院の役割として強く認識されていた。また同様に、棄児や孤児など、より幼少期にある子どもの収容場だった幼稚室では、「子どもらしい遊戯」を知らない子どもに遊戯をさせることに「教育」の力点が置かれた。そのかぎりで、この東京市養育院での児童の処遇は、下層社会に出自を有する「子ども期」を有さない、身寄りがない子どもたちを収容するとともに、彼らに「遊戯」や「教育」といった「子ども期」を享受させることで、彼らが将来大人になって犯罪者などの社会的逸脱者になることを予防する、という社会防衛的な目的で運営された施設だったということもできる。

「保護複合体」の一端としての東京市養育院と「子どもの逸脱」へのまなざし

またこうした東京市養育院での孤児や棄児、浮浪児に対する対処の実践は、一九〇〇年代から二〇年代の近代日本のなかで形成された、子どもをめぐる「保護複合体」[17]の一端に連なるものだった点も重要である。歴史社会学者のジャック・ドンズロは、近代社会で捨て子や貧民の救済に端を発し、少年院に代表される司法、児童精神医学、そして教育機関を軸に、近代家族に介入していく複雑な統治機構が形成されたことを指して、それを「保護複合体」と呼んだ。

この時期、一九〇〇年（明治三十三年）には非行少年や虞犯少年の更生を企図した感化法が制定され、〇八年（明治四十一年）には第二次感化法が施行される。また、二二年（大正十一年）には触法少年に対する保護処分を定めた日本で最初の少年法が施行されるとともに、二三年（大正十二年）には第三次感化法が施行される。この時期の特徴は、司法と児童保護事業の緊張関係のなかで、「子どものため」の処遇制度が子どもの「教育／再教育」理念の下に形成され展開された点にある。

この時期以降、日本社会は下層社会で生活する「子どもの逸脱」に対する行政的介入の度合いを強めていくことになる。東京市養育院での孤児や棄児、浮浪児に対する「教育」も、このような子どもに対する「保護複合体」の一端を担うものとして、また前期近代日本の下層社会の「子どもの逸脱」への介入の一端を担うものとして展開されたものだった。

3 「子どもの生存」のための里親委託の増加——一九〇〇年代初頭—一〇年代半ば

では、そのような系譜を有する東京市養育院で、里親委託件数が前述のような推移をたどったのはなぜだったのか。まず本節では、養育院からの里親委託件数が相対的に多かった一九〇〇年代初頭から一〇年代半ばの状況をみていきたい。

東京市養育院からの里親委託の開始は養育院創設期にまでさかのぼるが、里親委託件数が増加し始めるのは一九〇〇年代初頭以降である。当時、院内に収容された乳幼児の死亡率はきわめて高く、次節で詳しく検討するように約半数の子どもが養育院内に保護されたあと、院内で死亡していた。養育院からの里親委託は施設児の乳児期の高い死亡率を受けて、「乳が出る乳母」を求めて「子どもの生存」維持のためになされた。

ここで注目したいのは、東京市養育院での里親委託が「哺乳児の入院あれば直に里親に托して乳養せしめ[18]」ることを目的になされたあとに、子どもに院内で「教育」を受けさせるために「該児満三歳に達すれば帰院せしむる[19]」ことが多くおこなわれた点である。里親委託に出された子どもは、乳児期を過ぎると再度「教育」を受けるために院内に戻された[20]。そこには多くの場合、乳児期を里親の下で過ごした子どもは、その後も里親宅で養育を継続するという価値観自体が希薄だったことが見て取れる。

一八九〇年代後半から一九〇〇年代初頭の東京市養育院資料のなかには、里親委託され満三歳になった子どもが院内に戻される際の里親と里子の悲哀を描くエピソードが何度か登場する。以下では、その一つを少し長くなるがみていきたい。

特に保育児の満三年に達して帰院するほど悲惨の感を為すはなし。本院よりは保育児満三年に満れば取戻を命ずるなり。里親が取戻の命に応せざるもの十中八九に居を以て本院は止むを得ず保育料受取の為来りたる時を以て突然引取を申渡すなり。時としては五六名も一時に引上る事あり此時に当り親子ともに泣悲しみて見るに忍びず中には其里親が数日間院内に止りて去らざるものさへ少なからず。彼等は概ね皆曰く其可愛さは実子に優る彼稚児は両親もなく兄弟もなく我一人を親と頼み馴みたるものなり。今更手放して他人の手に育てらるるを思へば不便さ弥増して離るるに忍びず里扶持は受けざるも可なり今暫しなりとも預けよと懇請して止まず。左ればとて規定なれば請ふが儘に預くる訳にもなし難ければ涙ながらに愛を割かしむるなり。[21]

（傍点は引用者）

東京市養育院から子どもを預かる里親には、養育院から保育料として一月に一円七十銭（一八九六年当時）が支給され、ほかに布団、被服、おむつ、枕などが里親宅に給与されることになっていた。その保育料は毎月七日の午前に里親と里子が直接養育院に出向いた際に手渡す決まりになっていて、満三歳になった里子の養育院への取り戻しは、里親がこれを拒む場合には、この保育料の手渡しの際に半ば強制的におこなわれることになっていた。前述のエピソードは、その際に里子から引き離される里親の悲哀を描写したものだが、ここではこのエピソードの最後に「左ればとて規定なれば請ふが儘に預くる訳にもなし難ければ涙ながらに愛を割かしむるなり」と記述している点に注目したい。

乳児期に母乳を求めて里子に出された子どもを、乳児期が過ぎ満三歳に達しても継続して養育する里親側のニーズがなかったわけでは決してない。むしろそのようなニーズは高かったことが記録に残されている。他方で、子を委託される里親は「十中六七は貧家」[22]であり、「貧家にて最初は乳汁のあるを幸に内職をなすと同じ心にて預る」[23]ものが多く、東京市養育院の規定に照らして里親として継続して子どもを委託する場としては不適切な場合が多かった。多くの場合、里親の意向にかかわらず、子どもは無理やりにでも里親から引き離され、養育院内で「教育」を受ける決まりになっていた。

その意味で、この時期の里親委託に求められたものは、里親宅に居住することによる「家庭」的な養育環境ではなく、あくまで乳母の「母乳」だった。また、満三歳になると子どもの里親委託は原則解除され、里親の「家庭」で養育されることよりも、養育院内で「教育」を受けることが優先された。

4　子どもの死亡率の改善と里親委託批判の形成――一九一〇年代半ば―三〇年代初頭

東京市養育院内の乳幼児死亡率

では、母乳ではなく人工栄養で養育される養育院の子どもたちの死亡率はどのくらいだったのだろうか。表2は、一八九一年（明治二十四年）から一九一五年（大正四年）までの満一歳から三歳児の死亡率の推移を五年ごとにまとめたもの、表3は、この時期の満四歳から六歳児の死亡率の推移を同じく五年ごとにまとめたものである。

一見して目につくのは、施設のなかで養育される幼い子どもの死亡率の高さである。特に、一歳から三歳児の入院数に対する死亡率は一八九〇年代に約五〇％で、この年齢で施設に保護された子どもの二人に一人は程なくして亡くなっていたことになる。

子どもの死亡原因は、栄養不良・消化不良などの消化器系疾患が最も多く、次いで肺炎・肺結核などの呼吸器系疾患によるものが多かった。またそうした死亡率の高さには、養育院内で子どもが母乳ではなく人工栄養によって育てられていたことも大きく影響していたことが指摘されている。

表2　養育院内の子どもの死亡率（1―3歳児）

1―3歳児			
	入院児童数	死亡児童数	死亡率
1891年（明治24年）―95年（明治28年）	309	159	51.5%
1896年（明治29年）―1900年（明治30年）	169	83	49.1%
1901年（明治34年）―05年（明治38年）	340	109	32.1%
1906年（明治39年）―10年（明治43年）	539	203	37.7%
1911年（明治44年）―15年（大正4年）	441	169	38.3%

（出典：川口生「養育院収容児童の死亡調査」〔東京市養育院編「九恵――東京市養育院月報」第190号、東京市養育院、1916年〕16―20ページから筆者作成）

表3　養育院内の子どもの死亡率（4―6歳児）

4―6歳児			
	入院児童数	死亡児童数	死亡率
1891年（明治24年）―95年（明治28年）	147	47	32.0%
1896年（明治29年）―1900年（明治30年）	67	14	20.9%
1901年（明治34年）―05年（明治38年）	149	25	16.8%
1906年（明治39年）―10年（明治43年）	184	36	19.6%
1911年（明治44年）―15年（大正4年）	290	57	19.7%

（出典：同論文16―20ページから筆者作成）

また、例えばこの養育院内の幼少期の子どもの死亡率は、一八九九年（明治三十二年）当時の日本社会の乳児死亡率が約一七％であり、一九一六年（大正五年）のスペイン風邪流行時の乳児死亡率が一八・九％だったことに鑑みても、かなりの高率だったことがわかる。

他方で、ここでは一九〇〇年代から一〇年代にかけて、東京市養育院内の乳児死亡率が曲がりなりにも低下し始めている点にも注目したい。この養育院に保護された幼少期の子どもの死亡率は世紀転換期を境に徐々に下降に転じ、一八九〇年代に五〇％前後で推移していた一歳から三歳児の死亡率は、一九〇〇年代には三〇％台後半にまで低下する。

なお、近代日本でこの乳児死亡率が国力増強の観点から本格的に議論され始めるのは、当時内閣統計局調査官の職にあった二階堂保則が一九一四年（大正三年）に「統計集誌」に書いた論文「本邦小児死亡の特徴[24]」が最初だといわれる。その後、二〇年（大正九年）には第一回国勢調査が実施されるとともに、国内の人口動態の把握とその増加に向けた施策が練られ始める。また二〇年（大正九年）十月から十一月には内務省主催で、「世界一高い日本の乳児死亡率」の低減を目的に児童衛生展覧会が開催され、日本国内での乳児死亡率低減に向けて注意を喚起していく。また、二一年（大正十年）には大阪市立乳児院が、また二四年（大正十三年）には今宮乳児院が設立されるなど、二〇年代は乳児期の孤児と棄児を収容保護する乳児院の設立が多くおこなわれた時期でもあった。このような動向のなかで、近代日本の乳児死亡率は徐々にではあるが確実に低下していく。

東京市養育院の里親委託は、一九一四年（大正三年）以降急激に減少していくが、その背景には養育院内の乳児死亡率が曲がりなりにも改善し、それまで母乳を求めて里子に出していた子どもを養育院内で育てるケースが増えたことがあった。加えて、この時期は乳児院の設立時期にあたるが、人工栄養での養育が必要な乳児は東京市養育院よりも乳児院に積極的に措置された可能性も否定できない。東京市養育院では、この時期、乳児に対する専門の保母（保育士）による看護がおこなわれていたわけではなかったからである。東京市養育院で専門の保母による乳児の看護が開始されるのは、板橋本院に育児室が設置される三三年（昭和八年）十一月を待たなければならない[25]。

「学齢期」の児童の里親委託批判の形成

乳児に加えて、学齢期にある子どもの里親委託に対する批判が展開されたのもこの時期の特徴だった。例えば、一九二〇年（大正九年）当時、東京市養育院の副主事の職にあった川口寛三は「九恵――東京市養育院月報」に「保護児童の院外委託について」と題する論文を寄稿し、「児童を院外の適当なる家庭に委託し、院に代わって児童教養の任に当たらしむる所謂院外養育（家庭養育）の制度が児童のため院内養育に勝るものなることは既に主張されたる所であるが[26]」と、施設養育よりも里親委託のほうが望ましいとする理念があることには触れながらも、学齢期にある子どもを里親委託するべきではない理由について以下の三点を挙げている。

一　委託せらるる児童は相当な教育を受けられぬ恐がある
二　適当なる被委託人を求むるの困難
三　社会に於て育児院等の児童に対する観察の面白からざること[27]

一九〇九年（明治四十二年）の第一回ホワイトハウス会議では、「児童は緊急なやむをえない理由がないかぎり、家庭生活から引き離されてはならない」という文言を伴って、施設養護に対する家庭養護（里親委託）優先の原則が唱えられたこと、また同理念は日本でも時間差を置かず紹介され、児童保護の専門家集団に一定程度共有されたことは先に述べた。この施設養護に対する家庭養護優先の原則については、川口も「院外養育（家庭養育）の制度が児童のため院内養育に勝るもの」という主張が存在する、というように言及している。

そのうえで、川口は里親委託に反対する一つめの理由として、委託先から学校に通わせないなど、子どもに十分な「教育」機会が与えられない恐れがあること。二つめの理由として、里子を望む里親は農村・漁村の労働力目的で子どもを使役することが多く、「学齢期」にある子どもの教育環境としては適切ではないこと。また三つめの理由として、里子に出された子どもへの社会的偏見や差別があることを挙げている。

里親委託への三つの批判理由のうち、川口が最も重視したのが一つめの理由、すなわち里親委託することで子どもが「教育」を受ける機会を喪失する可能性に関してだった。東京市養育院が孤児や棄児、浮浪児など、社会内で周縁化された「逸脱した子ども」を収容保護し「教育」を施すことで、彼ら／彼女たちが将来「生粋の犯罪者」になるのを予防することを目的としながら、前期近代日本の子どもの「保護複合体」の一端を担うようにして運営がなされたことは先に述べた。里親委託への批判は、学齢期の子どもに対しては、里親委託をおこなって「家庭」的な養育環境を整えるよりも、養育院内で「教育」を受けさせることを優先するものだとみることが妥当だろう。

5　一般家庭児童に比する施設児童の「発達の遅れ」という視角の形成

知能検査の実施

では、このようなかたちで里親委託が劇的な減少をみる一九一〇年代から三〇年代という時期に、施設児童の「発達の遅れ」を指摘する問題認識枠組みはどのようにして形成されていたのか、もしくは形成されていなかったのか。

親から切り離されて施設内で養育されるがゆえに生じるとされた、子どもの「発達の遅れ」を指摘する児童精神医学上の問題認識枠組みは、戦後ＧＨＱ（連合国軍総司令部）統治下にアメリカ経由で日本に輸入され、一九五〇年代初頭に「母性的養護の剝奪」「ホスピタリズム（施設病）」といった呼称を伴いながら、戦災孤児や浮浪児の収容保護の際の施設養護に対する家庭養護優先の原則を支持し、大きな論争を巻き起こした。[28] では、のちに「愛着障害」という言葉とともに人口に膾炙し、その後の代替養育の場を現在に至るまで大きく枠づけていくことになるこの施設児童をめぐる発達理論は、戦前期の東京市養育院ではどのような展開をみせたのだろうか。

東京市養育院は、入院者の出身地や入院期間、疾病や死亡、身長・体重その他、きわめて多岐にわたる情報の記録収集機関でもあった。その結果は年度ごとに『東京市養育院年報』に、ときには数百ページに及ぶ報告書として刊行されている。そうした各種の調査のなかで、施設児童の心身の発達に関して最も入念におこなわれ、「九恵」のほかに「児童研究」などの児童研究の主要媒体に結果と考察が公表されたものに、一九一六年（大正五年）の「育児院の就学期児童身心調査」が挙げられる。

この調査は、「其等児童の特殊なる発育状態を明らかにすること(29)」を目的に、養育院で生活する学齢期の子どもの心身の「発達の遅れ」の有無を検証するために実施された。この調査の結果、身長と体重に関しては一般家庭児童に比して一年あまりの遅れが指摘されたほか、あわせて子どもに対する知能検査（三田谷啓改訂のビネー・シモン知能検査）の結果も公表された。表4は、公表された施設児童への知能検査の結果の一部をまとめたものである。

例えば、養育院内で生活する満七歳の子どもに対する検査結果は、児童数二十人のうち知能年齢も七歳の子どもが七人と三〇%強にとどまっている一方で、知能年齢が一年遅れている子どもが十一人と約半数を占め、二年遅れている子どもも二人いるなど、総じて施設児童は一般家庭児童に比して一年から二年の知能検査上の発達の遅れがあることを示していた。

子ども社会学者のアンドレ・ターメルは、「子どもの発

表4　就学期の院内児童の知能検査結果

		児童数	智力年齢		
			5歳の者	6歳の者	7歳の者
7歳	男	15	2	7	6
	女	5	0	4	1
	計	20	2	11	7
8歳	男	4	0	1	3
	女	6	2	2	2
	計	10	2	3	5

（出典：小澤一「就学期児童の身心調査（一）」〔東京市養育院編「九恵――東京市養育院月報」第187号、東京市養育院〕8ページから筆者作成）

達」概念の歴史社会学ともいうべき子ども観の歴史社会学を組み立てるなかで、十九世紀後半から二十世紀初頭の統計学的思考や知能検査などの興隆のなかで、欧米圏ではこの時期に「正常な子ども」概念が形成されたこと、そしてその概念が現在に至るまで私たちの子どもを捉える視座を大きく拘束していることを指摘している。[30]こうした「正常な子ども」概念とそこからの偏差を「逸脱」と見なす問題認識枠組み自体は、一九一〇年代半ばに実施された前述の東京市養育院での児童の知能検査の実施にも大きな影響を及ぼしていたということができる。

他方で、この知能検査結果の原因の解釈という点では、この時期の問題認識枠組みは、その後（特に戦後期以降）形成されていく問題認識枠組みとは大きく異なるものだった。例えば、東京市養育院内の巣鴨分院の主務職にあった小澤一はこの知能検査上の発達の遅れの理由に言及し、「育児院に収容せる児童も一部の者を除きては其の成長と共に身体智能共に相当立派なる教養をなしうる」[31]として、施設児童には一般家庭児と比較しても遜色なく成長する子どもが多いことに言及しながらも、子どもの「発達の遅れ」の原因を「元来貧児孤児等の中に体質悪しき及び智識低劣の者比較的多きは確かなる事である」[32]として、子どもたちの出自である貧困階層者の有する素因や遺伝に求めている。

前述のように、このような施設児童にみられるとされる「発達の遅れ」を検証するための知能検査は、戦争で親を失った孤児や浮浪児などを研究対象にして特に戦後一九五〇年代初頭以降に多くの調査研究がなされていくことになるが、こうした目的での知能検査自体は、東京市養育院では一〇年代半ばからすでにおこなわれていた。他方で、ここで注目したいのは、施設児童にみられるとする「発達の遅れ」の原因の措定の仕方についてである。

戦後、一九五〇年代初頭以降になされていく調査研究のなかでは、施設児童にみられる「発達の遅れ」は、子どもたちが親から切り離されて施設のなかでもっぱら生活を送ること、つまりは家族関係や母子関係の不在に起因するものとして、また「母性的養護の剝奪」「ホスピタリズム（施設病）」といった専門概念を伴うようにしてこの病理を説明していた[33]。また、そうした「母性的養護の剝奪」や「ホスピタリズム」といった児童精神医学知を根拠にしながら、代替養育での施設養護に対する家庭養護（里親委託）優先の原則が大々的に唱えられていく。

他方で、一九一〇年代半ばには施設児童にみられる「発達の遅れ」の原因は、もっぱら孤児や棄児たちの出自であるところの貧困階層者が有する素因や遺伝にその原因が求められていて、実親から切り離されながら施設で生活を送ることなど、「家庭養育」の不在に原因を求める主張は希薄だった。東京市養育院で一〇年代半ば以降に里親委託数が劇的に減少する背景には、少なくとも養育院内では、戦後に流布することになる施設児童をめぐる「母性的養護の剝奪」や「ホスピタリズム（施設病）」という、施設養護批判ともいうべき児童精神医学上の概念が未形成だったことがその一因としてあった、ということもできる。

昭和初期の「母性的養育の剝奪」「ホスピタリズム（施設病）」概念形成の萌芽

以上、戦後に大きな議論を形成することになる「母性的養育の剝奪」「ホスピタリズム（施設病）」などの児童精神医学上の概念が、特に一九一〇年代半ば以降の里親委託減少期の東京市養育院の児童処遇のなかではまだ形成されていなかったことをみてきた。他方で、戦前期日本に施設児童をめぐる前述の問題認識枠組み自体が皆無だったわけではない。施設児童の「発達の遅れ」の原因を、彼ら／彼女たちの養育環境での「家庭養育」の不在に求める主張は、特に三〇年代初頭（昭和初期）以降、東京市養育院の一部の職員から問題提起されていた主題であった。

例えば、東京市養育院で児童処遇研究の中核的な立場にあった堀文次は、一九三四年（昭和九年）に「孤児（院児）心理の研究」と題する論考を「東京市養育院月報」に公表し、そのなかで、「これは飽迄も私の一創作に過ぎず、或は育児事業の従業員諸君が見られたら、随分見当違ひがあるのぢやないかとも思われるのであるが[34]」と、自身の主張が堀独自のとっぴなものである可能性に言及したうえで、施設児童にみられる「心理的欠陥」を以下の三点に整理している。

一、克己忍耐心が乏しい。
二、行動が本能的衝動的で倫理観念が低い。
三、社会生活意欲に乏しい[35]。

堀によるこの問題提起は、「食ふや食はずで小学校も碌々やつて貰へないやうな院外の細民児童に比し、彼等院児はのびのびと義務教育を受け[36]」ていて、しかも「その奉公に当つては施設の顔で比較的に理解ある主人を選択してよい条件で奉公に出される[37]」にもかかわらず、奉公の失敗や奉公先からの逃亡が明らかに多いことに警鐘を鳴らすものだった。

堀はこうした施設児童にみられる「心理的欠陥」を、「一部の院児にとつては全く止むを得ない必然的なもの[38]」だと述べたうえで、その原因を「家庭で育てられない親のない院児を論ずる場合には、この家庭に育つたといふことに就て深い注意を払はねばならぬのではなかろうか[39]」として、もっぱら子どもの「家庭」での養育の不在にその原因を求める論を展開した。

堀による論考が本章の文脈で重要なのは、施設児童にみられる「発達の遅れ」が養育院内で「教育」が施されてもなお残るものであり、その原因が施設児童にとっての「家庭」の不在にもっぱら帰せられるかたちで論が展開された点にある。これまでみてきたとおり、従来、東京市養育院はこの時期の「保護複合体」の一端を担うかたちで、孤児や棄児、浮浪児を施設内に収容保護し、彼ら／彼女たちに「教育」を受けさせることを目的に運営されてきた。またそのかぎりで、里親委託をおこない「家庭」的な養育環境を整えるよりも、施設内で「教育」を受けることに優先順位が割り振られてきたのであり[40]、そうした「家庭」／「教育」間の優先順位の存在が一九一〇年代以降の里親委託件数の低下を下支えしてきた。他方で、堀による主張が画期をなしているのは、養育院内でそれまで保持されてきた「教育」と「家庭」の間の優先順位をいわば逆転させながら、「教育」に対する「家庭」の優位性を主張した点にある。

しかし、こうした堀の論調が戦前期の東京市養育院内で広く受け入れられたかといえば、そうはならなかった点にも留意する必要があるだろう。のちに当時の様子を回顧するくだりのなかで堀が、「これは発表すると、児童を侮辱するものだとして、巣鴨分院一部の職員から、猛烈な反駁を受け、為めに完結まで掲載出来なかった[41]」と述べていることからも垣間見られるように、前述の堀の論考は養育院内で大きな反感を買う結果になった。堀の論考が広く施設での児童処遇の場で議論されるようになるのは、戦後、特に一九五〇年代初頭を待たなければならない。

おわりに

単線的な「誕生↓浸透」図式の再考と「子ども観の序列化」

本章では、孤児や棄児、浮浪児の収容保護施設だった東京市養育院が出す里子数の劇的な減少傾向に着眼し、代替養育の場では施設養護に対する家庭養護（里親委託）優先の原則がどのようにして浸透したのか／しなかったのかを、近代的子ども観や近代家族規範の単線的な「誕生↓浸透」図式を問い直すなかで、「子どもの発達」をめぐる議論の形成／不形成を軸にしながら検証してきた。またこの作業は、「家庭」概念が形成され、アメリカの第一回ホワイトハウス会議（一九〇九年）で施設養護に対する家庭養護優先の原則が輸入されて以降、日本の社会的養護の場では「子どもの発達」の観点から家庭養護が推奨されてきたという前提自体を問う試みでもあった。

確かに、特に一九〇〇年代末以降の児童保護の専門家たちのなかで、孤児や棄児、浮浪児などの施設養護に対する家庭養護優先の原則は一定程度共有された規範であった。〇九年（明治四十二年）におこなわれた第一回ホワイトハウス会議での提言も、ほぼ時間差を置かず日本でも共有された。また〇〇年代末から一〇年代半ばは、東京市養育院で施設からの里親委託が大きく進展した時期でもあった。他方で、この時期の東京市養育院からの里親委託は「子どもの発達」というよりもむしろ「子どもの生存維持」のためのものであり、そこで里親委託に必要とされたのは子どもの「家庭」的な環境ではなく、生存維持のための「母乳」だった。また、満三歳になると子どもは「教育」を受けるために養育院に戻された。

その後、一九一〇年代半ばになると、院内児童の里親委託数自体も減少していく。この時期、養育院内の乳幼児死亡率は曲がりなりにも改善をみせた。それまで里親委託し「母乳」でしか生存維持できなかった子どもを院内でも養育するようになったことが、院内からの里親委託件数を押し下げる結果をもたらした。また、「学齢期」にある子どもの里親委託に対して批判がなされたのもこの時期の特徴だった。これは、特に「学齢期」にある子どもには、里親委託するよりも施設から学校に通わせて「教育」を受けさせたほうが「子どものため」になるという子ども観が優勢になった結果だった。また一〇年代半ばになると、東京市養育院での施設児童の心身の発達が、一般家庭児童に比して遅れていることが問題視され始めるが、その原因を施設養護に求める論調（里親委託がなされていないからという主張）は希薄だった。

このように、東京市養育院からの里親委託の劇的な減少は、「家庭」「教育」など複数の子ども観が多層的に交錯・拮抗するなかで生じた現象であり、孤児や棄児、浮浪児などの施設収容児童の養育環境として、「家庭」に対して「教育」が優先されるという「子ども観」の優先順位の結果として生じた現象だった。ここでは、このように近代的な複数の「子ども観」が多層的に交錯・拮抗するなかで、特定の「子ども観」が優先されることを「子ども観の序列化」と呼んでおこう。通常、子どもを「家庭」のなかに囲い込むことと「教育」を受けさせることは矛盾なく接続可能であり、そこに「子ども観の序列化」は生じない。こうした序列化は、孤児や棄児、浮浪児などの社会の周縁に位置づけられ、親から切り離されて施設で養育を受ける子どもと、近代的子ども観との接点でこそ生じる。またこうした複数の子ども観の拮抗から子どもの歴史を書く作業は、単線的な「誕生→浸透」仮説では捉えきれない主題の解釈を可能にする道を開くことにつながるはずである。

戦前から戦後、そして現代へ

その後、この施設養護での「家庭」／「教育」の「子ども観の序列化」は、戦後のGHQ統治下での戦災孤児の施設収容と児童福祉法の形成期に、特に「家庭」によりいっそう力点を置いて、「母性的養育の剝奪」や「ホスピタリズム（施設病）」という児童精神医学上の概念の移入を伴いながら、施設養護に対する批判と里親委託推奨を「子どもの発達」の観点から推し進める問題認識枠組みとして結実していく。敗戦後の日本社会では、空襲などの戦災で戦災孤児や棄児、浮浪児など「親がいない子ども」が多数生み出され、戦後の約十年間、児童養護施設はこうした戦争で生み出された「親がいない子ども」の収容・保護に追われることになるとともに、児童福祉法（一九四七年制定）の下、多くの私設の施設が認可を受けていくことになる。前述の「母性的養育の剝奪」や「ホスピタリズム（施設病）」という概念が形成され、施設養護に対する家庭養護優先の原則が強く強調されるのは、こうした敗戦後社会で生じた出来事だった。

一方、一九六〇年代に入ると、施設の「子どもの発達」をめぐる論調のなかでは、「母性的養育の剝奪」や「ホスピタリズム（施設病）」という概念は大きな主題になることは少なくなり、かわって施設生活での子どもの集団形成を「子どもの発達」の観点から積極的に評価する「集団養護論」が施設養護論のなかで大きな影響力をもつようになる。その後、代替養育の場で「家庭」という要素に優先順位が置かれ、施設養護よりも家庭養護（里親委託）が再度強く推奨され始めるのは九〇年代後半を待たなければならない。この時期以降、「児童虐待」問題が人口に膾炙するとともに、虐待リスクの高い家族への公的な介入が強まっていくなかで、施設の「子どもの発達」をめぐる主題は、彼ら／彼女たちが施設で生活するがゆえに生じる「家庭の不在」にもっぱら引き付けて論じられるようになっていく。また、その延長線上で、代替養育に関する現在に至る「子どもの発達」をめぐる問題認識枠組みが形成されていくことになる。

注

（1）児童虐待問題の社会的構築をめぐる議論に関しては、上野加代子『児童虐待の社会学』（〔SEKAISHISO SEMINAR〕、世界思想社、一九九六年）、内田良『「児童虐待」へのまなざし――社会現象はどう語られるのか』（〔SEKAISHISO SEMINAR〕、世界思想社、二〇〇九年）などを参照。

（2）「施設の家庭化」に関しては、歴史社会学の研究として土屋敦『はじき出された子どもたち――社会的養護児童と「家庭」概念の歴史社会学』（勁草書房、二〇一四年）が、また児童自立支援施設のフィールド研究として藤間公太『代替養育の社会学――施設擁護から〈脱家族化〉を問う』（晃洋書房、二〇一七年）がある。

（3）例えば、この愛着理論は二〇一七年八月に厚生労働省の新たな社会的養育のあり方に関する検討会から出された報告書「新しい社会的養育ビジョン」のなかでも繰り返し言及されていて、今後の社会的養育のあり方を論じる際の中核理論として位置づけられている。

（4）土屋敦「社会的養護における「愛着障害」概念興隆の2つの山――1940年代後半〜2000年代までの日本の施設養護論の系譜を中心に」、福祉社会学研究編集委員会編「福祉社会学研究」第十七号、福祉社会学会、二〇二〇年

（5）代替養育の場に関する、フィリップ・アリエスの議論（フィリップ・アリエス『〈子供〉の誕生――アンシァン・レジーム期の子供と家族生活』杉山光信／杉山恵美子訳、みすず書房、一九八〇年）を経由した子ども史・子ども社会学や、近代家族論を経由した家族史・家族社会学の視座からの主要な研究には、前掲『はじき出された子どもたち』、前掲『代替養育の社会学』、土屋敦／野々村淑子編著『孤児と救済のエポック――十六〜二〇世紀にみる子ども・家族規範の多層性』（勁草書房、二〇一九年）、田中友佳子「戦後里親制度草創期における里親養育の変容――秋田県里親会連合会の発足と活動に注目して」（社会事業史研究会編「社会事業史研究」第五十三号、社会事業史研究会、二〇一八年）などを挙げることができる。

（6）この東京市養育院での里親委託実践の検証は、本章以外に、松本園子が一九八〇年代後半に出したいくつかの論考がある（松本園子「社会的養護の方法としての里親制度の検討（2）――戦前育児院における院外委託の状況」、淑徳短期大学紀要委員会編「淑徳短期大学研究紀要」第二十五号、淑徳短期大学紀要委員会、一九八六年、同「社会的養護の方法としての里親制度の検討（3）――養育院育児室における児童処遇と院外家庭委託」、淑徳短期大学紀要委員会編「淑徳短期大学研究紀要」第

二十七号、淑徳短期大学紀要委員会、一九八八年、同「東京養育院育児室における児童処遇」、淑徳短期大学紀要委員会編「淑徳短期大学研究紀要」第二十八号、淑徳短期大学紀要委員会、一九八九年）。ただし、この研究群は近代的子ども観や近代家族規範研究とは別の系譜でなされたものであり、本章は松本による研究を引き受けながら、それを近代的子ども観や近代家族規範研究の延長上に描き直す作業になる。

（7）前掲『〈子供〉の誕生』三七九―三八〇ページ

（8）牟田和恵『戦略としての家族――近代日本の国民国家形成と女性』新曜社、一九九六年

（9）落合恵美子『21世紀家族へ――家族の戦後体制の見かた・超えかた』（有斐閣選書）、有斐閣、一九九四年

（10）稲井智義「子ども救済事業から子ども保護事業への展開――石井十次の家族と学校に関する思想と実践を通じて」、『研究室紀要』編集委員会編「研究室紀要」第三十九号、東京大学大学院教育学研究科基礎教育学研究室、二〇一三年、足達咲希「近代日本の児童保護にみる孤児の創出――明治期上毛孤児院における孤児像と家庭規範」、前掲『孤児と救済のエポック』所収

（11）鈴木智道「表象としての「家庭」と家族の歴史政治学――「近代日本と家族」研究の一視角」、東京大学大学院教育学研究科編「東京大学大学院教育学研究科紀要」第三十六号、東京大学大学院教育学研究科、一九九七年、一七ページ

（12）土屋敦「孤児の公的救済におけるフロイト主義の関与――戦時期から1960年代における欧米学説の日本への移入過程を中心に」、前掲『孤児と救済のエポック』所収

（13）生江孝之「泰西に於ける救児事業」「慈善」第一巻第二号、中央慈善協会、一九〇九年、三七―四九ページ

(14) 同様の指摘は、吉田幸恵『社会的養護の歴史的変遷――制度・政策・展望』(〔MINERVA 社会福祉叢書〕、ミネルヴァ書房、二〇一八年)の社会的養護をめぐる歴史研究のなかでもされている。

(15) 東京市養育院からの里親委託が一九三三年(昭和八年)に〇件に至った背景には、前年一月に施行された救護法のなかで、施設からの里親委託が禁止された影響が大きい。

(16) 中嶋久人「「慈善」の裏側――養育院のイデオロギー的正当化をめぐって」、黒川みどり編著『〈眼差される者〉の近代――部落民・都市下層・ハンセン病・エスニシティ』所収、解放出版社、二〇〇七年、一二九ページ

(17) 「保護複合体」をめぐる議論に関しては、ジャック・ドンズロ『家族に介入する社会――近代家族と国家の管理装置』(宇波彰訳、新曜社、一九九一年)を参照。

(18) 安達憲忠『東京市養育院沿革及実況』東京市養育院、一八九六年、二九ページ

(19) 同書二九ページ

(20) 「乳」を求めて「子どもの生存」のために一度は院外に出された里子が、一定年齢になると「教育」を受けるために施設に戻されるという規則は、この東京市養育院以外にも岡山孤児院や福田会育児院などの他施設でもなされていたことに関しては、菊地義昭「岡山孤児院の1917年から1919年の里預け終了児の個別事例の内容と特徴」(「ライフデザイン学研究」第六号、東洋大学ライフデザイン学部、二〇一〇年)および菅田理一「福田会育児院の里親委託(2)」(千葉・関東地域社会福祉史研究会編「千葉・関東地域社会福祉史研究」第四十号、千葉・関東地域社会福祉史研究会、二〇一五年)参照。

(21) 前掲『東京市養育院沿革及実況』三〇ページ

(22) 同書三〇ページ

(23) 同書三〇ページ
(24) 二階堂保則「本邦小児死亡の特徴（一）」「統計集誌」第四百四号、東京統計協会、一九一四年、四七三―四八〇ページ
(25) この東京市養育院板橋本院内に設けられた育児室の実態に関しては、前掲「東京養育院育児室における児童処遇」で、当時の同室に勤務していた保育士からの聞き取りをもとにして詳細に検討している。
(26) 川口寛三「論説 保護児童の院外委託について」、東京市養育院編「九恵――東京市養育院月報」第二百三十八号、東京市養育院、一九二〇年、一ページ
(27) 同論文一ページ
(28) 戦後日本の社会的養護の場における愛着障害概念の歴史的変遷に関しては、前掲『はじき出された子どもたち』と前掲「孤児の公的救済におけるフロイト主義の関与」に詳しい。
(29) 小澤一「就学期児童の身心調査」、東京市養育院編「九恵――東京市養育院月報」第百八十七号、東京市養育院、一九一六年、八ページ
(30) Andre Turmel, *A Historical Sociology of Childhood: Developmental Thinking, Categorization and Graphic Visualization*, Cambridge University Press, 2008.
(31) 小澤一「就学期児童身心調査（其四）」、東京市養育院編「九恵――東京市養育院月報」第百九十号、東京市養育院、一九一六年、一五ページ
(32) 同論文一六ページ
(33) 戦後、一九五〇年代初頭以降の施設養護の場での「母性的養護の剝奪」や「ホスピタリズム」という児童精神医学上の概念の興隆過程については、前掲『はじき出された子どもたち』と前掲「孤児の

公的救済におけるフロイト主義の関与」に詳しい。
(34) 堀文次「論説 孤児(院児)心理の研究」、東京市養育院編「東京市養育院月報」第三百九十七号、東京市養育院、一九三四年、一ページ
(35) 同論文四ページ
(36) 同論文三ページ
(37) 同論文三ページ
(38) 同論文二ページ
(39) 同論文二ページ
(40) とはいえ、東京市養育院での孤児養育のなかで「家庭」的な要素が等閑視されてきたわけではない。この時期の養育院での「家庭」的養育は、子どもを里親に出すというものではなく、施設の内部を「家庭的な空間」に近似させるようないくつかの施策がなされていた。この時期の東京市養育院内の施設環境の「家庭化」に関しては、前掲「東京養育院育児室における児童処遇」に詳しい。
(41) 堀文次「養護理論確立への試み」、全国社会福祉協議会編「社会事業」一九五〇年六月号、全国社会福祉協議会、一三ページ

第４章　消費する年少者と家族の戦略
——「活動写真」から「映画」へ

貞包英之

はじめに

東京・秋葉原の街を歩けばかわいらしい少女たちの多数の図像が掲げられ、少年・少女たちを主役にした多くの漫画やアニメのＤＶＤ、またその関連商品が売られている。

しかし興味深いのは、にもかかわらず、この街では現実の少年・少女の姿を見かけることが少ないことである。街を歩けば、目にするのは二十歳から三十歳の男性が中心で、「永遠の十八歳」とされるメイド姿で勧誘する「少女」たちを例外とすれば、年少といっていいほどの者たちの姿はほとんど目立たない。

　実際、二〇一九年十月六日（日曜日）（渋谷だけ二〇一八年十月七日（日曜日））の十四時から十五時に東京の各盛り場に集まった人を調べたところ、秋葉原での十代の割合は八・二％で、渋谷（一五・三％）、原宿（一七・五％）、池袋（一〇・九％）に比べて低かった。十代が少ないのは、銀座や新宿も同じだが、両者では五十代から七十代以上の比較的高年齢層の比率が高いのに対し、秋葉原では二十代と三十代の比率が高いことで十代を圧迫しているのである(1)。

　サブカルチャーの街でありながら、秋葉原はそうして年少者にとって縁遠い場所になっている。それは一つに、この街がそもそも成人男性をターゲットとした街として形成されているからだろう。一九九〇年代に有害コミック騒動が勃発して以降、性的表現を中心に、年少者が何を買うか／買えるのかの線引きが強化されてきた。結果として年少者が買いにくくなった同人誌や同人ソフトを売る店が多数集まることで、秋葉原は九〇年代半ばからオタク街として成長したのである。

　それを前提として、秋葉原は年長男性向けのオタク街として成長したが、もちろんより広くみれば、年少者を排除した街がこれまでなかったわけではない。オフィス街はいうまでもなく、性風俗店や飲酒店を集めるこれまでの盛り場の多くが、そもそも購買力として優位にあることが多い成人男性を主な客としてしばしば繁栄してきた。

　ただし秋葉原が特殊なのは、そこで売っている商品の多くが、少なくともかつては年少者をターゲットに作られた商品だったことである。かつては年少者向けに作られていた漫画やアニメが、一九六〇年代から七〇年代の戦記漫画の成長や二十四年組を中心とした少女漫画の革新を経て、より年長者向けのものに再編される。年長者による年少者文化の「盗用」または「密猟（poach）」――ファン文化を分析したヘンリー・ジェンキンス(2)がいう意味での――が進んだわけだが、その延長線上で現在の秋葉原も作られた。年少者を主人公とし、その成長を描く漫画やアニメはなお多いが、他方で「消費する主体」としての年少者は排除する特異な文化の拠点として、九〇年代後半以降、秋葉原は栄えてきたのである。

1　年少者の消費を問い直す

ただし、こうした秋葉原の現在のあり方は、歴史的にみると必ずしも特別なものとはいえない。本章は、この秋葉原の事例を一種の到達点と設定しながら、年少者の消費がどのように制限され、そしてそのかわりに年長者の消費がどれほど自由に追求されてきたのかを歴史的に検討する。

確かに、金は「無臭」であり、誰がそれを持つかにかかわらず平等に力を発揮するという資本主義のルールが、近代社会では一般的である。しかしだからこそ、金を誰が持ち、どうやって手に入れたのか、そして何に使われるのかが繰り返し問題とされてきた。金は人を差別しないからこそ、誰を金に近づけ、そしてその金で消費可能などのような商品の流通を認めるかが、しばしば社会的な争点になってきたのである。

特に大きな問題になったのが、年少者の消費である。どのような年少者がどうやって金を稼ぎ、それを何に使うのかが、近代社会では繰り返し問われてきた。年少者が金を稼ぐことや、それを自由に使うことは疑問視され、結果として「消費市場」のなかでしばしば従属的な位置に置かれてきたのである。

しかしこうした年少者と消費の関わりは、これまで十分に分析されてきたとは言い難い。年少者に多くのこづかいが与えられ、年少者はますます消費者として自由になっていると一般的には語られている。他方で年少者が「消費社会」でなお被っている多くの制約については、教育学的また発達論的に正当化されることで、その歴史的な展開やそれを支える権力の錯綜という観点からは十分に明らかにされてこなかったのである。

もちろん、年少者と消費の関わりがまったく注目されてこなかったわけではない。例えば吉見俊哉は、「明治末から大正にかけ、公務員、銀行員、会社員などのホワイトカラー層が急速に拡大」していくことと並行して、「「家庭」や「婦人」「こども」に焦点を当てた博覧会」[3]が多数、開催されてきたことに注目している。また神野由紀は百貨店を主題的に取り上げ、それが子ども向けの商品をデザインし販売してきたことを分析している[4]。

子ども向け商品の「起源」が二十世紀前半の百貨店や博覧会を主な舞台として明らかにされてきたわけだが、ただしこれらの研究が、「消費者」としての年少者にほとんど関心を向けてこなかったことにも留意する必要がある。そもそも百貨店で子ども向けに売られたのは、多くが高価な非日常的な商品にとどまり、それがどれほど年少者たちに好まれ消費されてきたかは明らかではない。百貨店や博覧会がおこなったのは、親に対する「趣味」の提案にすぎず、それが主な分析の対象になることで年少者は大人たちの消費活動を受け止める宛先としてしかせいぜい想定されてこなかったのである。

もちろん一方で、百貨店といった「公式」の市場の外で、年少者が「消費者」として一定の活動をしていたことを評価する議論がなかったわけではない。例えば本田和子は『異文化としての子ども』のなかで、縁日でこづかいを気ままに使う年少者の購買活動について注目していた。(5)また、こうした年少者の消費の経験を、加藤理は十九世紀末以降の駄菓子屋を対象としてより歴史的に分析している。こづかいを貰う年少者が、「数ある店のなかから自分たちの店を選定し占拠してい」くことで、「子どもたちの意志や子どもたちの認識が駄菓子屋を誕生させた」(6)と加藤は主張するのである。

これら本田や加藤の研究は貴重だが、一方で、年少者の消費の自由を積極的に評価しすぎているきらいもある。そもそも駄菓子屋が興隆した二十世紀前半は、年少者が十分に稼ぐことが難しくなった時代でもあった。国勢調査によれば、一九二〇年（大正九年）に十歳から十四歳で男二〇・六％、女二五・二％だった有業率は、三〇年（昭和五年）にはそれぞれ一四・一％、一七・五％に、さらに四〇年（昭和十五年）には一〇・〇％、一一・九％にまで減少していく。(7)当然、産業と地域とで様々な違いがみられたものの、学校に行かず一日中働くような年少者が、二〇―三〇年代にマイナー化していたことは否定できないのである。(8)

児童保護の観点からは「進歩」とみえるかもしれないが、年少者個人の消費の自由という観点からは、賃労働からのこうした退却は「退歩」というしかない。「一人前」に稼げなくなることで、年少者は自由に金を使うことができなくなったのであり、だとすれば加藤が分析するような二十世紀前半の駄菓子屋の成長も、単に年少者の自由の発露によって達成されたものとみることはできない。それは年少者が働き口を失い、わずかなこづかいで「子どもだまし」の商品を買うしかなくなったという退却を、むしろ示していた可能性が強いのである。

この意味では、年少者を単に商品の宛先になる受動的な主体とみることも、能動的に消費する自由な主体とみることにも問題が残る。年少者が年長者に保護されるというフィリップ・アリエス的な近代の図式を前提に、年少者向けの商品の生産・販売が拡大したとしばしば主張されてきた。しかしそれ以上に近代社会で重要なのは、年少者をめぐる市場や家庭、国家を源泉とした権力の駆け引きやせめぎあいの増大であり、そのなかで年少者はときには消費者として積極的に活動しながら、同時に購買力として劣位に置かれてきた。

本章はこうして社会的な争点になった年少者の消費のあり方を、一九二〇年代から三〇年代の年少者と活動写真（＝映画）との関係を分析することで探っていく。遅くとも一〇年代には活動写真は、都市の年少者にとってなじみ深い見せ物になっていた。一一年（明治四十四年）に京都市の本能尋常小学校の「五二〇余名」を対象としておこなわれた調査では、夏季休業中に「家庭」で何をしたかという問いに対し、活動写真にいったと答えた者は四百四人（七七・七％）で、二位の芝居の六十四人に大差をつけている。[9]

だがこうしたあり方は、一九二〇年代から三〇年代、年少者を取り巻く環境が変わるなかで急変した。端的にいえば、年少者の観客数は停滞し、「活動写真」産業のなかで年少者の役割も減少したのである。

本章はこうした変化の具体的なあり方と、それを動かす構造的な原因を探る。娯楽産業として活動写真が発達していく一方で、購買力を失った年少者は中心的な顧客としては追い払われる。それは先に述べたように現在の秋葉原でもみられる事態だが、消費者としての年少者が「消費社会」のなかで繰り返す退却を、本章は年少者に最初に与えられた産業的商品としての活動写真を例として分析する。そうすることで、消費に関わり年少者に現在まで作動している権力の一端を明らかにするとともに、年少者の消費を制約することで成り立つこの社会とは何なのかについて、問い直していきたいのである。

2　活動写真を見る年少者

活動写真という自由

活動写真館には、多くの年少者が集まった。例えば三田谷啓によれば、一九一五年（大正四年）に大阪や京都を代表とする日本各地の活動写真館では、平日平均総計三万三千二十八人の観客のうち年少者は八千七百四十四人（二六・五％）含まれ、日曜・祭日平均では三万七千四百十七人中一万二千四百四人（三三・二％）とさらに多くの年少者が活動写真館に入場している。[10]また海野幸徳の調査でも、二二年の京都市の常設館の観客総計三百七十九万七千百四十三人中、年少者は九十三万八千五百九人と二四・七％を占めていた(11)。

それを踏まえれば一九二〇―三〇年代には、平均して二〇％半ばから三〇％半ば程度、活動写真館の入場者には年少者がいたと想定できる(12)。そのうえで重要になるのは、その無視しえない割合が大人に伴われない、年少者だけでくる客で占められていたことである。例えば権田保之助は、二〇年代初頭の活動写真館の光景を以下のように描いている。

活動写真館内に於ける児童にして、父兄等の同伴者なく、単独又は友人と共に来れるものは、階下土間の最前方、舞台の直ぐ下に一団を為して集合し、又は前方に近き腰掛に坐するを普通とす。

しかして館内に鬻げるラムネ、麵麭、煎餅、キャラメル、蜜柑等各種の飲食物を飲み食いて、熱心に写真の面を注視しつつあり。而して己が知れる俳優の画面に現われ来るや、或は「チャップリンだ」或は「やー松之助！」などと知人に会せるが如き態度にて歓迎し、最も興深き一喜劇の場面に至りでは声を上げて我を忘れて笑うに至る。又彼等の好む活劇の場面の或は追跡の所、格闘の箇所の如きに至つては片唾を吞みて注視するを常とす(13)。

活動写真館には、「父兄等の同伴者」に伴われない年少者たちが数多く集まり、思い思いの時間を過ごしていたことがわかる。同じく権田保之助の一九一七年（大正六年）の調査では、東京の浅草六区、市中央部、場末の活動写真館で親や年長者に伴われずにきた「単独入場児童」が年少者全

体のうち実に七五・六％を占め、場末の活動写真館では単独入場者はさらに八〇・〇％だったとしている。(14)

これはあくまで下級の席にいる年少者を、大人に伴われずにきた者としてカウントしたものであり、確かに正確な数字とはいえない。それでも権田が観客を年少者だけできた客とみなし、さらにこうした現象が活動写真で顕著と考えていたことは注目に値する。ほかの娯楽、例えば寄席では年少者の数がそもそも少なかった（四・五％）うえに、「皆被同伴入場者」(15)、つまり親に連れられてきた者だったと権田は解釈しているのである。

活動写真館は、そうして年長者に伴われない年少者が集まる、当時としても特異な場を構成していた。活動写真館は年少者が自分たちだけで思い思いに過ごせる場になっただけではなく、先の引用で示されているように、お菓子やラムネを飲食するなどの自由な消費の場にもなった。年少者は活動写真館に集まり、好きなモノを買い、退屈なときにはおしゃべりをし、友達と遊ぶなどして、かなり自由な時間を過ごしていたのである。

自由の根拠

では、なぜそうした自由を年少者は享受できたか。その理由として最も大きかったのが、そこに集まる年少者たちの多くが一定の金を稼いで所持していたためと考えられる。そもそも活動写真館に訪れる客の一つの典型は、丁稚や子守などをして他家で働く年少者たちだった（図1を参照）。一九一六年（大正五年）の「東京朝日新聞」は、藪入りの日に浅草公園に「新しい鳥打帽に双子の筒

図1　「藪入りの浅草 活動写真の絵看板に恍惚て居る小僧さん達」
（出典：「東京朝日新聞」1912年7月16日付）

袖と云ふ御定りの藪入姿をした小僧さんや御納戸色の絹ハンケチを首玉へ巻付けて恐ろしく納まり返つた女中さんが続々と」集まり、「思ひゝの活動写真館へ入つ[16]」ていく光景を伝えている。

さらにもう少し近代的な工場や商店で働く年少者も、劇場にしばしば通っていた。一九三〇年（昭和五年）に東京市の夜間学校に通う者のうち、十一歳から十四歳までの男子は一位・菓子屋小僧、二位・製函職工、女子は一位・芸妓見習、二位・子守などとして働いていたが、こうした少年・少女が活動写真館によく通っていた。公休日に何をおこなうかという質問に、「活動写真」にいくと答えた者が一七・七％で、「単に遊ぶ」と答えた者（二〇・九％）に続き、二位――ただし「公休日なし」と答えた者二〇・六％は除く――にのぼっているのである。[17]

こうして働く年少者は自分で稼いだ金を使い、活動写真館で思い思いの時間を過ごしていった。他家に仕える女中や小僧、小さな工場で年長者に交じって働く年少者も、活動写真館の暗闇では、数時間、誰にも命令されず、小突き回されもせず、安全に過ごすことができた。稼いだわずかな金銭と限られた時間で、さらに予備知識や体力なしに楽しめた活動写真は、暇なく働く年少者にとって、つかの間の自由を味わえる大切な居場所＝アジールになったのである。

上映作品も、そのため年少者の嗜好を盛り込んだものになる。先の引用中、劇場では年少者から「「チャップリンだ」或は「やー松之助！」」(18)といった声がかかっていたとされていたが、彼ら／彼女らが特に愛好したのが尾上松之助やチャールズ・チャプリンであり、そのため彼らを主役とする時代物やコメディーがその時代、活動写真の主流として多数上映されていたのである。

以上のように、自分で稼ぐ年少者を無視できない客層とした活動写真業界と、年少者との深い関わりを逆説的にもよく説明するのが、年少者に対する入場制限の制定とその顚末である。ジゴマ映画のブームの際によくみられたように、活動写真に感化されたとみられる犯罪が頻繁に報道されたことを受け、東京警視庁は一九一七年（大正六年）に活動写真興行取締規則で「十五歳以上の者の観覧に供するもの」として「甲種「フィルム」」(19)を定め、十四歳以下の年少者の入場を規制した。

しかし、年少者の活動写真観覧を大幅に制限する規制は早くも二年後の一九一九年（大正八年）には撤廃される。撤廃を推進した最大の勢力が、活動写真館または製作者だった。産業に深刻な被害をもたらすとして年少者の入場規制廃止を訴え、「各活動会社は幹部の人々が集まりて、警視庁に申請書を出すやら、条例の延期を迫るなど、猛烈に運動」(20)したことで、一九年（大正八年）十一月には活動写真興行取締規則は改正され、甲乙制は撤廃されたのである。

こうした顚末は、その当時、活動写真館が営業的に年少者にどれほど依存していたかをよく明らかにする。年少者が稼ぎ、持ち寄る金を前提に活動写真産業はかなりの部分、維持されていたのであり、だからこそ年少者の入場規制は、行政の意向にかかわらず早々に撤廃されたのである。

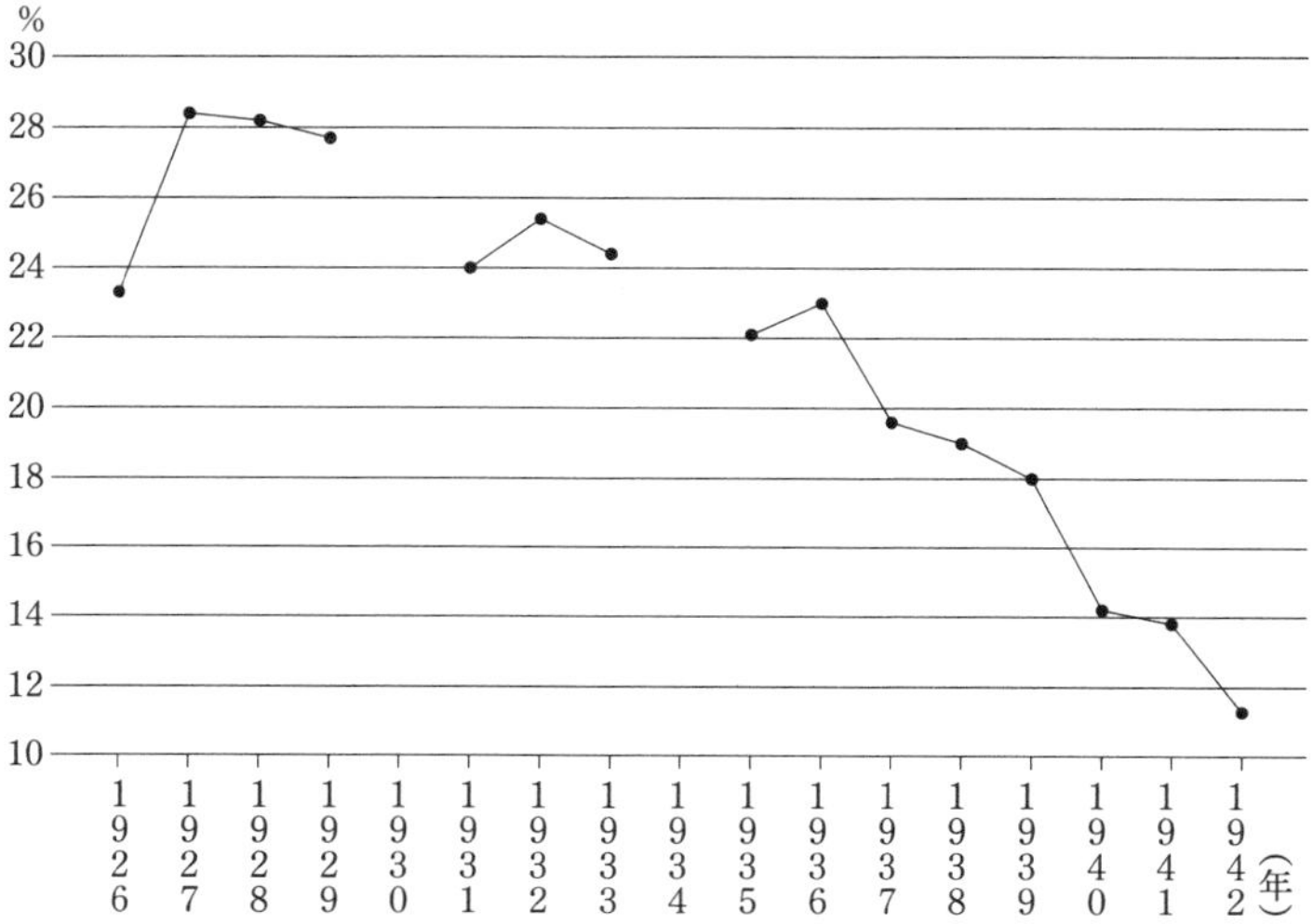

図2　年少者が映画人口に占める割合
（出典：内務省警保局「活動写真フィルム検閲年報」龍渓書舎、1984年、各巻）

3　「映画」の誕生

年少者の撤退

しかし一方で、一九二〇年代半ばから三〇年代半ばにかけて活動写真館では、年少者の姿は急速に目立たないものになっていく。例えばかつて活動写真館には年少者が多いと観察していた権田保之助も、三四年（昭和九年）には年少者が活動写真館に見当たらないと指摘している。「以前の甲種、乙種の時代〔一九一七―一九年：引用者注〕、映画館には子供の観客が非常に多かったが、今日では映画観客は大人が主で子供が少数である」[21]と権田はみていたのである。

統計からもこうした変化が確認される。一九二〇年代半ば以降の記録が残る「活動写真

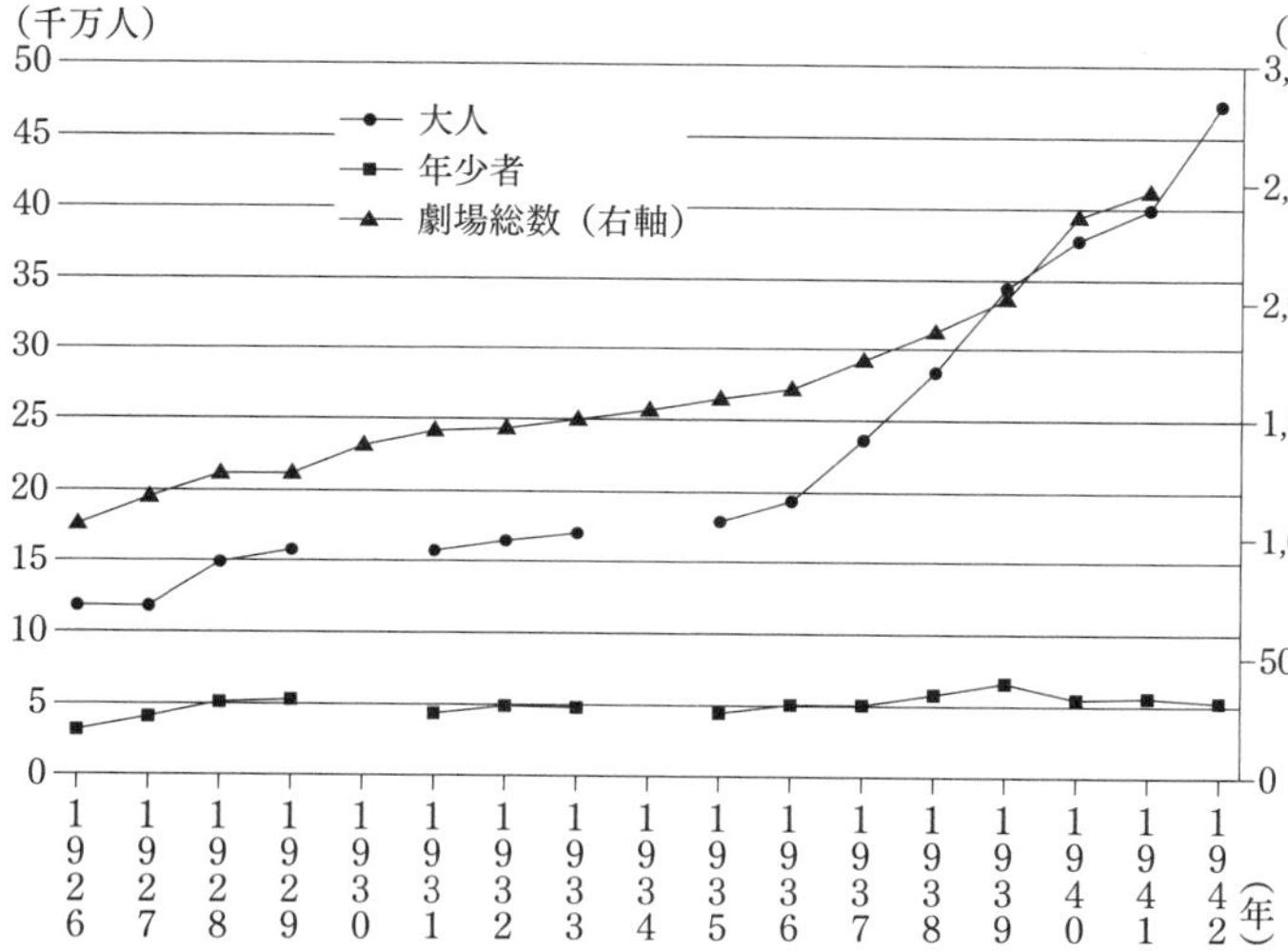

図3　有料映画総観客数と劇場総数
（出典：同資料から筆者作成）

フィルム検閲年報」各年の報告によれば、二七年（昭和二年）に二八・四％と二〇年代後半には、全国の映画鑑賞人口のうち三〇％弱を年少者が占めていた（図2）。この数字は先に推測した一〇年代から二〇年代前半の割合と大差がないが、それ以降、年少者が映画観客に占める割合は急減した。三〇年代半ばには二〇％を切って四二年（昭和十七年）には一一・三％になるなど、年少者観客は一気に存在感を失ったのである。

こうして年少者の割合が減少したのは、劇場数が増加を続けたのに対し、入場する年少者の数が伸び悩みをみせたことが大きかったと考えられる。一九二六年（昭和元年）の千五十七館から四〇年（昭和十五年）の二千三百六十五館にまで全国の諸都市に劇場が増え、それに応じて年長者の映画観客数も二六年（昭和元年）の一億千百七十九万人から、四

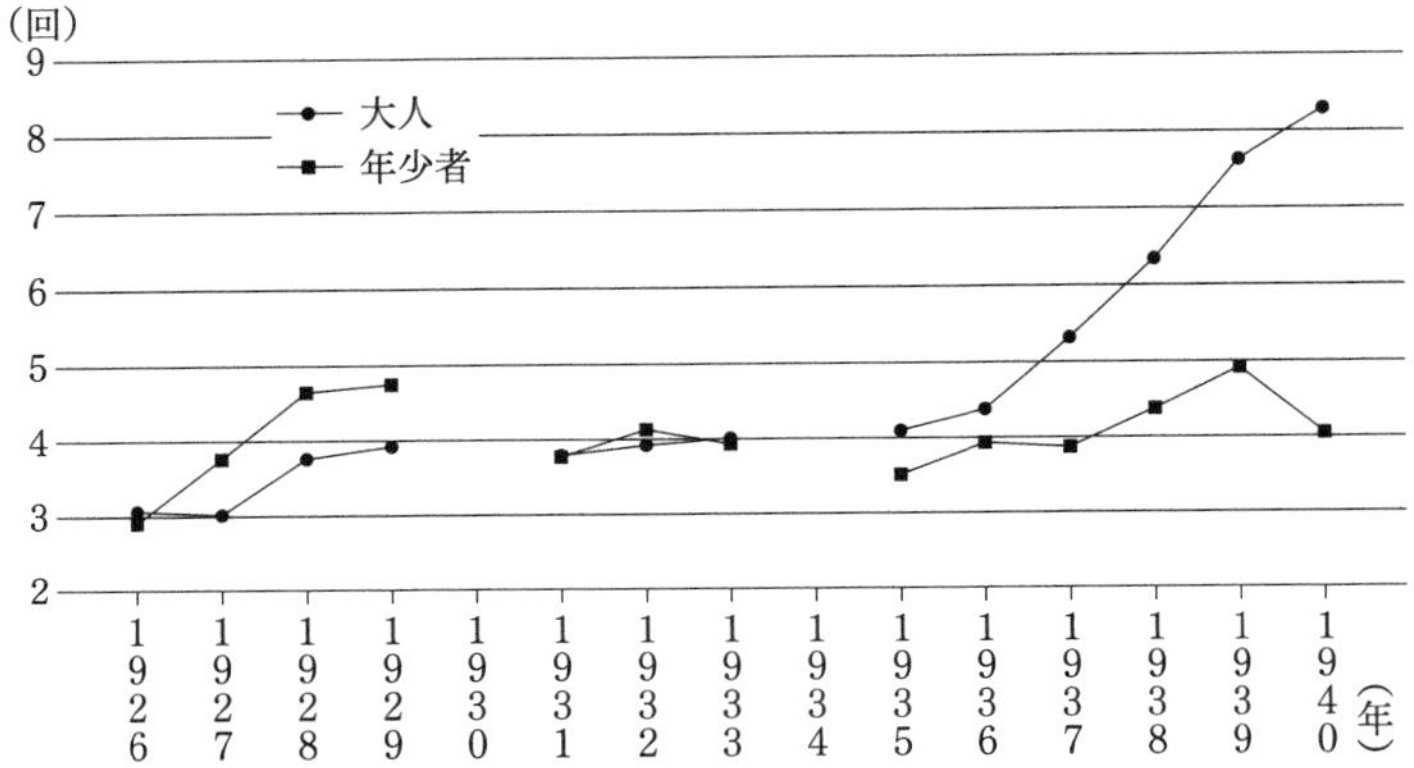

図4　年間視聴延べ回数（映画観客数／人口）
（出典：同資料から筆者作成）

〇年（昭和十五年）の三億七千七百六十八万人まで順調に増加した。けれども年少入場者は停滞し、一館あたりの年少者の入場者でみれば、二九年（昭和四年）の四万七千六百六十九人から、四〇年（昭和十五年）の二万五千八百六十六人までむしろ四五％以上減少したのである（図3）。

それに応じて年少者の観客割合も低下した。例えば一九二九年（昭和四年）から四〇年（昭和十五年）にかけて年長者の一人あたりの年間鑑賞回数は三・九二回から八・二九回に倍増しているのに対し、年少者では総人口数が増えたこともあり、四・七五回から四・〇五回にまで減少したのである（図4）。

時代劇・喜劇・悲劇の衰退

年少者の姿がこうして活動写真館で目立たなくなるのに応じて、上映作品の内容も変わった。かつての活動写真は、かなりの程度、年少者の嗜好に配慮したものだった。しかし一九二五年（大正十四年）には、「活

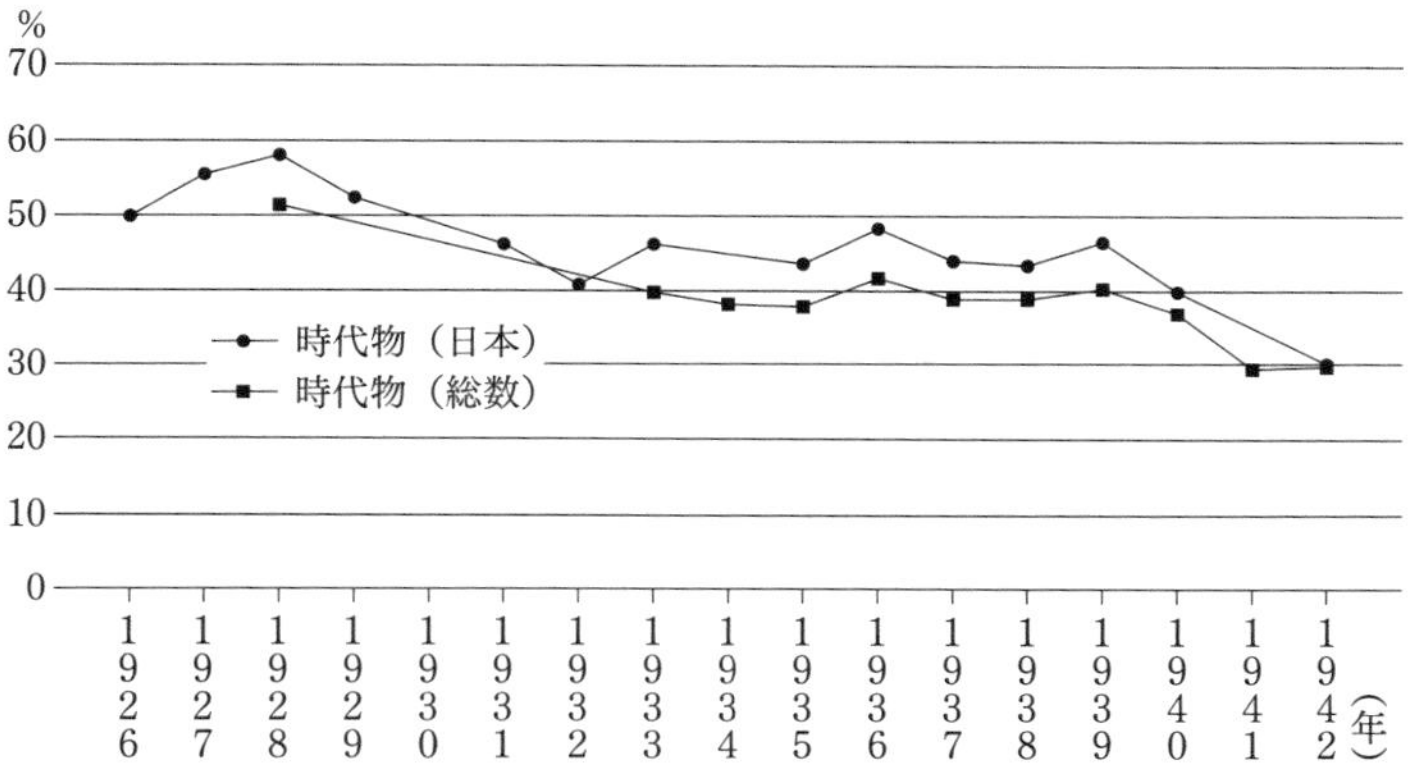

図5　検閲件数での時代物割合の比率
（出典：同資料から筆者作成）

動写真は児童的娯楽に過ぎぬと見られてゐた時代もあるが、何時の間にか大人も隠居さんも喜んで常設館へ出掛けるやうになり、現在の観客は雑多な階級の人々を網羅するに至つた」[22]と語られているように、活動写真産業も年少者だけではなく、ますます幅広い年齢層の観客をターゲットとするものに変わっていたのである。

そのことは、例えば制作される作品の内容の変化から確認できる。下層の労働者に加え、年少者はチャンバラを中心とした時代物をよく楽しんでいたといわれ[23]、実際、そのために、一九二〇年代半ばに、なお時代物は国産映画のなかで六〇%近くを占めていた（図5）。しかし、時代物は四二年（昭和十七年）になると三〇%とほぼ半減し、同様に年少者が好んだ喜劇や笑劇でも似たような事態がみられた。ピークになる二八年（昭和三年）には喜劇・笑劇は合わせて二四・八%を占めていたのに対し、四二年（昭和十七年）にはわずか五・三%と四分の一以下にまで減ったのである。

かわりに増加したのが、シリアスな現代劇や恋愛物、また家庭物だった。例えば「悲劇」「喜劇」「笑劇」と対比されるジャンルとしての「正劇」は、一九二九年（昭和四年）の五九・七％から四二年（昭和十七年）の八八・六％と、四〇年代には映画のジャンルをほぼ独占するに至ったのである。[24]

こうした変化は、松竹や新興のピーシーエル映画製作所、つまりのちの東宝の勃興からも証明される。「小市民映画」と呼ばれる都市のサラリーマンの生活を描くことで映画界での地位を確立した松竹の時代物の比率は、一九二六年（昭和元年）で四二・八％と、マキノ映画社（七〇・三％）や日活（五一・四％）と比べて明らかに低く、その後も、三〇％から四〇％にとどまった。さらに新興のピーシーエル映画製作所は三五年（昭和十年）に九・四％しか時代劇を作っていなかったことからもよくわかるように、現代の都市風俗を明るく描く作風で年長者に受け入れられていったのである。[25]

「活動写真」から「映画」へ

以上のように、一九二〇年代後半以降は活動写真観客のなかの年少者の割合が減るのに呼応し、上映される内容も変わった。興味深いのは、それに応じて「活動写真」から「映画」への名称の移行もみられたことである。

例えば「朝日新聞」の見出しをみれば、一九二〇年代半ば以降「活動写真」という呼び名が急速に減った一方で、「映画」という呼び名が急増したことが確認される（図6）。

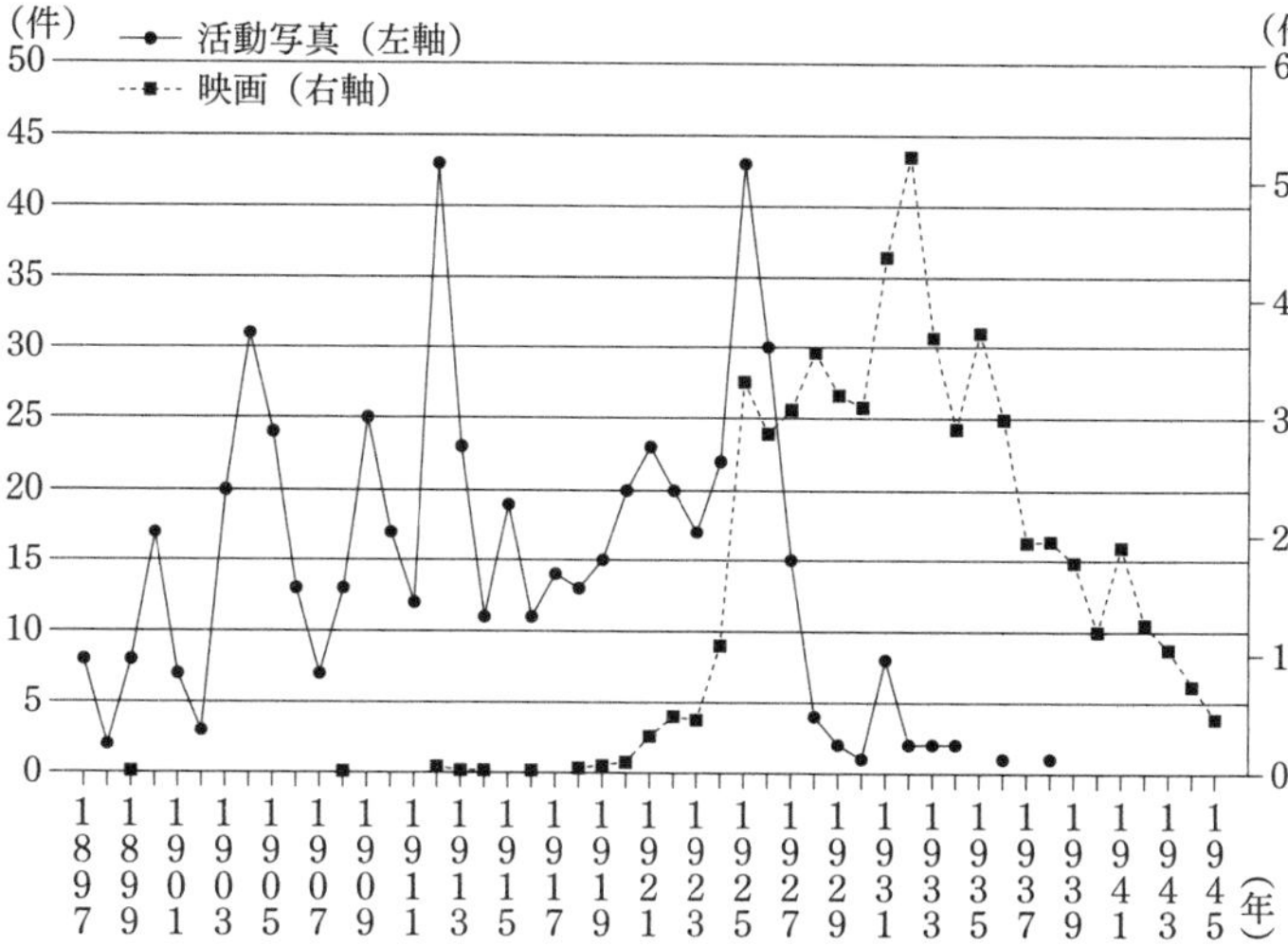

図6　「活動写真」と「映画」
（出典：「朝日新聞」『聞蔵Ⅱ』、朝刊見出しに現れた回数から筆者作成）

ただし変化は、単に呼び名の変更にはとどまらなかった。アーロン・ジェローによれば、それは「活動写真」ならざる「映画」という新たなメディアが言説的に編成されたことを意味していた[26]。

ジェローはその変化の原因として、①帰山教正らが率いた「純映画劇運動」をきっかけにシーン構成を複雑化した物語が作られ、それを前提に、②弁士の必要性が薄れて映画の内容も弁士の個性に左右されないものになり、③一九二五年（大正十四年）の「活動写真「フィルム」検閲規則」によってフィルムの事前検閲がおこなわれ始めたことなどを挙げている。そもそもかつての「活動写真」は、弁士の語りに左右され、そのたびごとに内容を変えるいわば一回的な「上演」としてあった。そのため全国一律の検閲も難しかったのだが、二〇年代には、弁士に依存せず、したがってどこでも反復可能で、また複雑な構成をとる「上映」に変わる。それに応じて、かつて「活動写真」と呼ばれていた対象に、「映画」という新たな社会的リアリティが割り当てられていったというのである。

しかし、こうしたメディア的・言説的変化以前に、それを支える前提として、活動写真・映画が「消費」されるあり方がそもそも社会的に変化していたことが重要になる。確認したように一九二〇年代後半以降、年少者が観客から減り、活動写真・映画は年長者を主なターゲットとした産業に変わる。

図7 「新築落成した浅草電気館」
(出典:「読売新聞」1926年12月29日付)

それに応じて劇場のあり方も変貌した。藤岡篤弘によれば、一九二三年(大正十二年)の震災以後、劇場の建造ラッシュが起こり、さらに三〇年代には冷房装置の備え付けが進むなど物理的にも劇場のあり方は変化していく。(27) 街路の喧騒から遠ざけられ、支払った対価としての物語を静かに年長者が楽しむ、より静寂《サイレント》な箱に劇場はなるのである(図7を参照)。

結果として、「映画」は、当時拡大していた新中間層的被雇用者が楽しむ余暇的消費の対象に変わっていった。こうした変化を示す例の一つが、一九三〇年代半ば以降のニュース映画の興隆である。三五年（昭和十年）に日本劇場地下に第一地下劇場が開場して以降、大都市ではニュース劇場が作られ、それを母体にニュースやドキュメンタリー、アニメーションなどの短篇を集めて流すプログラムが興隆していく。先と同じく藤岡篤弘によれば、「一時間から一時間半」で組まれたこうしたプログラムは、従来の「三、四時間におよぶ[28]」興行よりも手軽に楽しめたことで、仕事やレジャーで都会の盛り場に集まる、多忙な都市民のニーズによく合ったのである。

それを一例として、年少者を「排除」し、都市の新中間層の年長者が楽しむレジャーの対象としての「映画」が興隆していく。「現在の活動写真は遺憾ながら完全に大人の娯楽物となつて、子供はその全部と申してもいゝ位に映画の世界から取り残された観がいたします[29]」と一九三〇年（昭和五年）に指摘されているように、かつて年少者が飲食やおしゃべりとともに楽しんでいた「活動写真」という対象は、年長者が静かに楽しむ「映画」という新たなメディアに変わったのである。

4　こづかいという鎖

稼げなくなる年少者たち

では、なぜ活動写真館・映画館から年少者は撤退していったのだろうか。その最も基礎的な原因は、年少者が貨幣の流通から遠ざけられ、自由に使える金が減少していったことにある。すべてを自分のために使えたわけではないとしても、丁稚や工場の年少労働者は稼いだ金の一部で活動写真をしばしば楽しめたことは事実である。だが先にみたように一九二〇―三〇年代になると、少なくともフルタイムで働く年少者は減り始める。それが、年少者が自由に活動写真を見にいくことを難しくしていった。

単に働く年少者が減っただけではなく、産業の高度化が進み、年長者との賃金格差が広がっていったことも問題になる。斎藤修によれば、第一次世界大戦のブーム以降、引き続き実質賃金の未曾有の急増がみられたが、それは主に製造業を中心に実現された[30]。対して、年少者の労働はサービス産業やいわゆる在来的な産業を中心とした。工場法改正後の一九三〇年（昭和五年）の国勢調査でも労働者中、年少労働者（〇―十四歳）の割合は、紡績工業での一二・〇％を特例としても、皮骨羽毛品類製造・木竹草蔓類の製造で四・九％、接客業で四・八％、そして家事使用人で二三・九％などで目立っている[31]。工場の産業化が進み、製造業・大企業を中心とした年長者の賃金上昇が進む一方で、そうして働く分野が限られた年少者の稼ぎは減少、または手間賃払い程度のものになり、年長者との賃金の格差を拡大していったのである。

逆に購買力を増した都市部の大企業の被雇用者をターゲットとして、映画は興隆していった。その傍証になるのが、入場料の上昇である。一九二五年（大正十四年）の『映画年鑑』によれば、「活動写真の料金は初最電車賃と同値段の五銭であった、その後漸次値上をして、永いあいだ十銭で通して来たが、つゞいて十五銭、二十銭、四十銭とせり上げ、現在では最低料金が四十銭乃至五十銭、最高料金が二円[32]」にまでなったという。そうして都市のなかで一定の余裕をもつ階層のレジャーへとシフトすることで、映画は年少者が散発的に得る稼ぎ程度では通いにくい娯楽になったのである。

こづかいの普及

とはいえ他方で、年少者はまったく消費生活から退いていったわけではない。一方では、初期資本主義経済がますます厚みを増すなかで、年少者であれ、都市で暮らすために金が必要とされる機会が増えていった。駄菓子屋をはじめ、文具店や小間物屋などの店が増え、また通学などで行動範囲が広がるにつれ、年少者も少なくとも潜在的な「消費者」であることがより頻繁に求められるようになったのである。

そのための資金として与えられるようになったのがこづかいだった。こづかいがいつ、どのようなかたちで年少者に与えられるようになったのかは必ずしも明らかではない。ただし少なくとも二十世紀に入るまで、「こづかい」は、年少者に渡されるべき一般的な習慣とは見なされていなかったようである。例えば初期の新聞の事例を拾っても、こづかいが年少者に与えられた記事は見つからない。そのかわり、一八七七年（明治十年）の「読売新聞」には、父親が拘引された一家の生活を配慮し「食物から小遣ひ薬料」まで世話する大家についての記事が載り、[33] 八〇年（明治十三年）の「東京朝日新聞」には、息子が金を与えないために「小遣銭を渡すまでこゝに尻を据て動かぬつもり」とイカダに居座った七十五歳の「老婆」の一件が報道されている。[34] つまりこづかいは、年齢にかかわらず、家計を別とした庇護の対象に与えられるべきものとされ、逆に家計をともにし、または自分で稼ぐ年少者に渡すものと一般的には見なされてはいなかったのである。

表1　横浜市こづかい調査（1938年）

保護者の職業	入用のときだけいただく、おやつをいただくから小遣いをいただかない（a）	毎日いただく（b）	ときどきいただく（c）	御用をしたときいただく（c）	(b) ＋ (c) +(d)
精神労働者	23.1%**	27.4%**	34.7%	14.8%**	76.9%**
商業	15.2%	44.3%**	31.8%	8.7%	84.8%
工場労働者	11.2%**	52.1%**	31.5%	5.3%**	88.8%**
筋肉労働者	8.9%**	52.2%**	32.2%	6.6%**	91.1%**
農業	36.7%**	33.3%	23.3%	6.7%	63.3%**

有意な数値は色付け（$^{*}p<0.05$ $^{**}P<0.01$）。
（出典：高田四郎「児童の小遣銭についての調査」〔東京文理科大学心理学教室編「教育心理研究」第15巻第3号、培風館、1940年〕から作成。ただし表中、計算が異なる部分は訂正した）

しかし一方で、二十世紀に入るころには、まず下層的年少者を対象として、年少者に与えられるこづかいの事例が増加していく。例えば横山源之助は、一九一一年（明治四十四年）の「共同長屋探見記」で、本所深川の共同長屋で「七才ばかりの」年少者が二人で「十銭」、つまり「亭主の賃金一日七十銭の七分の一の小遣[35]」を貰っていることを目撃したと記している。横山だけではなく、少しあとのことだが荻原佐幸も、こづかいについて「都会と云つてもその環境とか生活程度によつて勿論違ひがあり、どちらかと云ふと中流以下の家庭の子供の方が小遣ひの遣ひが激しい[36]」と観察している。

貧しい家の子どもたちは、多額のこづかいを貰っただけではなく、貰える機会がそもそも多かった。例えば一九三八年（昭和十三年）に横浜市でおこなわれた調査では、小学五年生の場合、全体では八二・八％の者が、何らかの仕方でこづかいを貰っている（（b）＋（c）＋（d））と答えているが、その結果には親の職業によって差がみられる。こづかいを貰うと答えた割合が有意に多いのは、「筋肉労働者」（九一・一％）、「工場労働者」（八八・八％）の子弟子女であり、逆に親が「精神労働者」（七六・九％）である場合には、「農業」従事者（六三・三％）に続いて有意に少ない。なかでも興味深いのが、こづかいを「毎日いただく」者の場合の差であり、その割合は、「筋肉労働者」（五二・一％）、「工場労働者」（五二・二％）の子弟子女で有意に高く、有意に低い「精神労働者」（二七・四％）の場合と比べ、二倍近くの差がついているのである（表1）。

こうして下層的な年少者には、しばしば日銭というかたちでこづかいが毎日渡されていたとみられる。ではなぜ相対的に下層といえる親の子弟子女のほうが、こづかいを貰える機会が多かったのだろうか。逆説的だが、朝比奈信康によれば、それは貧困だったからである。朝比奈は「東京下町の小児は小遣を与ふる親多く、是が為めに買喰より追々堕落の淵に沈む」と警鐘を鳴らしながらも、一方では「細民児童」では親が「小児に物品を買置き（食物、玩具共）ては不経済」であり、年少者にこづかいを与え「現金」で「仕切る事は貧乏人の取る当然の仕方」[37]という見解を挙げている。

四谷区旭町を調査した草間八十雄も、同様の論理をより具体的に展開している。草間は細民の子弟子女にこづかいが多いのは、根本的には、「父兄に向上心がなく」「従つて日々の生活に節制がない」せいとしながらも、同時に細民の生活の具体的な状況にも注意を促す。草間によれば、細民は、①「居室が狭くて室内に子供を置くことが出来」ず、②「生活上」「父母は朝早くから夕方まで外に出て家業に就くので」昼食などを子どもに外で食べさせざるをえない、さらに、③「菓子類を買ひ求めて置く余裕もな」いので、年少者にこづかいを与え、自分でやりくりさせている、というのである。[38]

以上を総合すれば、年少者を世話する時間や金銭的余裕もなく、街で「自活」させざるをえなかったために、貧困層の親はより頻繁に、また比較的多くのこづかいを与えたといえる。実際、「要保護世帯」でも「昼間託児所等で保育されてゐるものは」こづかいが「割方少ない」[39]という報告もあり、その意味で単に下層民が金にルーズだったという見解は否定される。年長者の保護が及ぶかぎり、こづかいは多くは与えられず、逆に養育機能が薄弱な場合に、養育がいわば「街」にアウトソーシングされるかたちで、年少者により多くのこづかいが支払われたのである。

しかしだからこそこうしたこづかいは、活動写真＝映画の鑑賞のような余分な消費のためには使いにくかった。下層的な年少者に対し、こづかいはしばしば毎日わずかな金銭が渡されるというかたちで与えられ、実際、横浜の調査でも、こづかいを「毎日いただく」者の場合、金額が「一・二銭」の者で六五・七％、「三・四銭」の者で二四・九％と、それだけで九〇％を超えている。こうした少額のこづかいは、親がいない間に軽い食事をとったり身の回りのものを買ったりするための生活費として費やされたのであり、それを貯めて活動写真や映画に出かけることは難しかった。総額でみれば使える金は必ずしも少なくはなかったとしても、それを間食や仲間と遊ぶために毎日使わなければ生活できなかったという意味で、下層の年少者の消費活動は一定の枠にはめられていたのである。

月ぎめのこづかい

他方、それとは別に、生活費から切り離されたまとまった金を貰う年少者も確かに増えつつあった。例えば一九一五年（大正四年）の「婦人之友」で報告された家庭では、「尋常六年生」の息子に対し、「毎月七十銭づつ月初めに与へ(40)」たという事例が紹介されている。これくらいのこづかいがあれば、金額的には月二、三本の映画を見ることもできたかもしれない。

とはいえ月ぎめでこづかいを貰っていた年少者が、それを必ずしも自由に使えたわけではない。こうした家庭の多くは、当時都市で成長しつつあった新中間層に属していたが、この新中間層の家庭では、こづかいは「教育」の手段、または「家計」の一部として与えられ、その使途が厳しく制限されていたためである。

まず新中間層の親が、年少者の金銭生活に大きな関心をもっていたことが確認される。実際、新中間層が主な読者になった「婦人之友」や「主婦之友」（主婦之友社）などの雑誌では、こづかいについての記事がしばしばみられるが、興味深いのは、その内容の変化である。例えば一九一〇年代ごろまでは、とにかくこづかいを与えるべきではないという主張が目立った。「成るべく物品給与の方法を取りて金銭を与ふるが如き弊風は速やかに打破すべき(41)」といった主張や、大学出の官吏が「金銭と云ふ観念を与へない様(42)」に努力しているという伝聞など、こづかいを年少者に渡すべきではないという声が、雑誌や新聞ではしばしばみられた。

この意味で、一九一〇年代までこづかいはなお新中間層にとって、下層的人々の卑しい習慣と見なされ、否定されていたといえる。しかし二〇―三〇年代には、婦人雑誌でも逆にこづかいを与えるべきという教説が優勢になっていく。例えば二五年（大正十四年）に「婦人之友」が組んだ「子供に与へる小遣に就ての経験と感想」[43]という特集には、定額のこづかいを与えているという事例、あるいはこれまでやってなかったがこれからはそうしたいという経験談が数多く載せられているのである。

こうしてこづかいが許されたのは、一つには新中間層の年少者の生活圏が広がりつつあったためである。「地方ならともかくも、大都市では乗物で通学してゐるから全然持たせないといふわけにはいかない」[44]といわれるように、親がおやつや文具を用意することが多かった新中間層の子弟たちも、近隣の地区を離れて活動していくにつれ、一定の金をもっていなければ生活が困難になったのである。

とはいえ、必要だったからこづかいは渡されただけではない。例えばある親は「婦人之友」の特集で、「田舎」に住んでいた時分「極く辺鄙でしたから、子供らがお金を持つてものを買はうにも店がないといふ風」でお金は必要とされなかったが、「たとひ僅かでも金の価値、それを得る労苦などについて一通りな経験は得させておきたいといふ考へ」[45]から子どもにこづかいを与えたと語っている。こづかいは、経済観念を発達させる「教育」的手段と見なされ、だからこそ使用する必要がない場合にも渡されたのである。

それに加えて、こづかいの管理が一種の「家事」と見なされることさえあった。「婦人之友」を主催した羽仁もと子は「小遣といへば、一寸普通の人の耳に、何だかあいまいに費消される金のやうに聞える」が、そうではなく、各人が「責任を持って上手に遣ふ」[46]ための家計のなかの分担金であると説明している。こづかいを使うことは、各人それぞれが家事を分担し各自の身の回りのものを買うことと同義とされ、つまりそれは年少者の「権利」というよりも、家庭をともに運営するための「義務」と見なされたのである。

この意味で新中間層は、こづかいという習慣を自らがようやく生き始めたライフスタイルを子らに伝える手段として利用していったといえる。新中間層は被雇用者として月ごとに与えられる賃金を計画的にやりくりして暮らしていかなければならなかったが、そのための節制と計画性をもつことを子弟子女にも求めた。だからこそ年少者に定期的なこづかいを与え、それを計画的に使うことを促したのであり、例えば先の横浜の調査でも、「精神労働者」の子弟子女では、おそらく定期的なこづかいを指す「ときどきいただく」が三四・七%で、最も一般的なこづかいの貰い方になっている。[47]

それに実効性をもたせるために、こづかい帳で使途を親がチェックすることもしばしば推奨されている。例えば一九一六年（大正五年）に「婦人之友」に載った記事では、十四歳の長男と十二歳になる長女に「金銭出納簿」をつけさせ、「毎月末に親達が検閲する」[48]方法を報告している。そうした手段で、年少者がこづかいを何に使っているかをチェックして、それに反した場合にはこづかいを減らすなどのペナルティを科すことで、子に金の使い方を「教育」することが期待されたのである。

以上、新中間層は、こづかいの習慣を受け入れながらも、新たなやり方を工夫していくことで、下層的な人々との間に線を引こうとしていった。月ぎめのこづかいの計画的な使用が求められることで、新中間層の子弟子女が、日銭をもつ下層的年少者と駄菓子屋などで入り交じって遊ぶことは難しくなったのである。

加えて困難になったのが、自分たちだけで自由に活動写真や映画を見にいくことだった。そもそも活動写真館に年少者だけでいくことは、新中間層では早くから問題視されていた。活動写真や映画の内容の問題もあるが、それ以上にクローズアップされたのが、年少者たちが年長者の監督なく、年齢や性差、そして階層を超えて入り交じる危険性である。

例えば柳井義男は、活動写真館へ年少者が単独入場することの弊害として、「場内及び途上等に於て、不良の勧誘又は脅迫に逢ひ、ついに邪道に陥る[49]」ことを挙げている。ほかの年長者や年少者と交わり、「不良」化、すなわち親の管理の行き届かない存在になってしまうことが危惧されたのであり、また京都府女子師範学校の教諭・岩波喜代登も、その場所で性差や年齢差を超えた性的誘惑が起こることを警告している。「活動写真の害は、或る時はそのフヰルムにもよるでせうが、多くの場合、その環境のいけないことの方が多」く、「暗い室内で男女が一緒」にいることや、「何所となくその場所が刺激的であ[50]」ることが非難されたのである。

年少者が気ままに訪れる活動写真館に自分の子どもたちが赴くことがこうして危惧された結果、新中間層に採用された手段の一つが、いわば「鎖」としてのこづかいだったといえるだろう。先にみたように一九一七年（大正六年）の活動写真興行取締規則では十五歳未満の入場を規制することを定めていたが、それは産業界の反発にあい、わずか二年後に撤廃された。

そうして頼りにならない行政の代わりに、活動写真にいくことを親たちが自分で取り締まるために、こづかいという手段が用いられる。実際、歌人の穎田島一二郎は、「買い喰ひ」に加え、「映画館盛り場の出入などの注意」に役立つとして「小遣銭の監督」を厳しくすることを要請している。穎田島によれば、映画は「館内で悪い友人や異性関係の出来易い」[51]ことで年少者に害をなすが、それを防ぐためにこづかいを制限しなければならないと説いているのである。

映画のその後

以上、下層そして新中間層に属する年少者には、日銭と月ぎめといったそれぞれ別の仕方でこづかいが渡されていったが、いずれの場合もそれだけでは活動写真・映画をしばしば見にいくことは難しかった。下層の年少者のこづかいは生活費に吸収され、また新中間層の年少者は親の目を盗んで映画を見ることは容易ではなかったからである。

その結果、年少者たちは活動写真／映画の主要な客層から脱落し、彼／彼女たちが楽しんで見るような内容も衰退していく。かわりに一九二〇年代から三〇年代には、それは比較的安定した購買層としての新中間層の年長者を主なターゲットとした、より大規模な産業に変わったのである。

少しあとのことになるが、一九三九年（昭和十四年）に映画法が抵抗なく施行されたのも、こうした変化を踏まえてのことだったと考えられる。一七年（大正六年）の甲乙制と類似して、映画法は年少者が一般の映画を見ることを禁止したが、今回は「これといふ波乱もなく」「議会を通過」[52]したという。その一つの原因は、「平生からあまり子供の入場のない館」[53]がそもそも増えていたためである。すでに年少者が主流の客ではなくなっていたので、劇場や製作者も年齢制限に特段反対する必要もなく、映画法を問題なく受け入れることができたのである。

だからこそ映画法が撤廃されたあとも、年少者は映画館に戻らなかった。敗戦後の一九四五年（昭和二十年）、映画法は撤廃されたが、その後、四八年（昭和二十三年）に法政大学映画研究会がおこなった調査(54)では、十六歳以下の年少者は観客のわずか三・三％に限られ、五七年（昭和三十二年）に川崎市の映画館を対象におこなった調査(55)でも、十四歳以下の入場者は全体の二・八％とさらに少なくなっている。あくまで地域を限定した調査という限界は残るが、少なくとも年少者の観客が三〇％を超えるような時代は戦後にも戻ってこなかったのである。

5　発声漫画映画と紙芝居

漫画大会の興隆

以上のような活動写真館・映画館からの年少者の撤退を、二十世紀前半の年少者の動静を照らし出す興味深い「社会的事実」とみることができる。都市に映画館や百貨店、カフェなどを中心とした盛り場が栄える一方で、年少者が年長者とともに「遊ぶ」ことは難しくなる。働く場がなくなるか、稼ぎが不定期なものになることを前提として、また新中間層ではこづかいの使用も監視下に置かれることで、年少者は「消費社会」の二級の市民として、都市資本主義産業のターゲットから取り残されてしまうのである。

ただし、年少者は消費から完全に排除されたわけではない。まず、親や制度の目を盗んで働いて稼ぐ年少者も確かに確認される。例えば一九三三年（昭和八年）生まれの芦屋小雁は、「小さい雁平を背負って四条烏丸の交差点に立って、夕刊を売って小遣いを稼[56]」ぎ、その金でよく映画を見ていたという。

ただし、こうした年少者を代表的な観客とみることもできない。そうした年少者は、年長者向けの映画を楽しむマニア的観客だったのであり、その意味では年長者のためのものになった映画産業にあくまで寄生していたにすぎなかったといえるからである。

より興味深いのは、一九三〇年代にかつての活動写真の周辺領域に、それを補完する年少者のための消費の場が「発見」されていくことである。日本の映画産業という観点からみれば、あくまで周縁的なものでもあったが、ともあれ年少者はそこに自分の自由にできる消費の領域を見つけ出していったのである。

図8　「笑ふ邦楽座」広告
（出典：「東京日日新聞」1933年11月1日付）

なかでも大きな役割を果たしたのが、アメリカから輸入された発声漫画映画、特にミッキーマウス映画である。一九二九年（昭和四年）九月六日に「ポンチ画のジャズ！　奇抜な発声漫画」として『漫画　ミッキー・マウス』[57]が、大阪・道頓堀の松竹座で公開されたのをはじめとして、ミッキーマウス映画、さらにベティブープ、ポパイなどのトーキーアニメーションが次々と輸入されていった。

　確かに、これらのアニメーションは、当初から観客としての年少者に向けて作られていたわけではない。まずそれは当然、日本で製作されていたわけではなかった。それは膨大なアメリカ市場をターゲットにあくまで製作され、だからこそ日本では安価に上映できた。当時、国内で漫画映画を作るためには、「制作に千円からか丶」ったのに対し、「ミッキーマウス」映画の場合、「二本で千円位買へ」、純粋に値段からも「外国漫画を買つた方がい丶といふことに[58]」なったという。

　そうした映画が大量に輸入され、当初は息抜きとして一般の年長者向けのプログラムに挟んで上映される。ミッキーマウスが初公開された際も、「サモア美人六〇人」が踊るレビュー映画『サモアの花』や、松竹楽劇団のレビューと合わせて上映されていることからみて、アニメーションはあくまで年長者をターゲットにしたプログラムの一部だったとみられるのである。

　こうして当初は年少者向けのものだったとはいえない輸入アニメーションを、しかし日本の年少者は自分たちの「味方」として発見していく。一つには、活劇《アクション》を中心に展開されたミッキーマウス映画が、かつての時代物、または喜劇の穴を埋めたことが大きかったと考えられる。自分たちのために製作・上映されることが少なくなった時代物・喜劇のかわりに、どたばた活劇《スラップスティック》としてのミッキーマウス映画が人気を呼んだのである。

　劇場もそれらの映画を失った年少者観客を取り戻すために利用した。安価な輸入発声漫画映画を多数集めた特集上映が、一九三二年（昭和七年）ごろから「漫画大会」として盛んに開催され始める。この漫画大会には、「両隣と後の椅子四五人の圏内は、小さいこども計りで」「電気が暗くならないうちは、ちよつと気がさ」[59]すといったように多くの年少者が集まった。だからこそ新中間層の親も、異なる年齢グループとの混交を気にすることなく、安心して年少者を劇場に送り出せるようになったのである。

こうして一九三〇年代の年少者は、アメリカから輸入された映画のなかに、活動写真から失われていった自分たちのための娯楽を発見していった。二九年（昭和四年）生まれの手塚治虫は、「小学二年生のとき」（つまり一九三六年〔昭和十一年〕ごろ）、「マンガ映画大会ではじめてミッキーマウスに対面し」「子ども心に、ディズニーはぼく達の味方だと思った」[60]と語っている。手塚はそのとき気づいていなかったかもしれないが、アメリカから安価に輸入された漫画映画は、かつて年少者のために作られていた活動写真のかわりとしての役割を担い始めていたのである。

紙芝居の興隆

とはいえ、すべての年少者が輸入アニメーションを楽しめたわけではない。入場料の問題に加え、「漫画大会」は少なくとも初期のうちは東京の丸の内や新宿のような繁華街を中心に開催されていたために、家族がそこに連れていってくれることを下層の年少者たちは期待しにくかったのである。[61]

それに加えて、下層の年少者たちには、より身近で安価な娯楽が提供され始めてもいた。下層の年少者たちが漫画映画のかわりに没頭したのが紙芝居だった。輸入アニメーションが主に新中間層の年少者ではやりだすのと同じころ、飴を売り、そのかわりに絵を書いた紙を十数枚連続して見せる紙芝居が下町を中心に急速に人気を集め始める。久能龍太郎の試算によれば、一九三三年（昭和八年）に東京には二千五百人から二千六百人の紙芝居の営業者がいて、各人が一日に十回開帳し、各回に四十から五十人客が集まるとすれば、毎日百万近くの年少者が紙芝居を見ていたことになるという[62]。

紙芝居が素早く興隆したのは、一つにはそれが、基本的に原作者と絵師の二人だけの手によって素早く作られるプリコラージュ的な産業だったためである。加太こうじによれば、一九三〇年代初めの経済不況に伴う失業者の増大によって、素人が路上で興行でき、また製作も容易な絵物語形式の紙芝居が流行していく[63]。

そしてそれを支えたのが、こづかいや稼ぎによって得られた年少者の日銭だった。新中間層の年少者たちのこづかいの使途が制限され、毎日の菓子などを買うことが難しかった一方で、下層の年少者たちは、生活費として渡されていた日銭を、菓子を買うことをアリバイとして、映画よりも安価な紙芝居に使っていく。これは戦後の話だが、紙芝居を歴史的に分析した姜竣の聞き取りによれば、ある紙芝居業者は、その仕事に落ち着いた理由を、「子どもの銭だけは取っても取りきれない[64]」からと答えている。

以上のように新中間層以上の年少者には輸入アニメーション、下層の年少者には紙芝居といった娯楽の体制が一九三〇年代に出現する。この輸入アニメーションの世界と紙芝居の世界の懸隔はかなり大きかったと考えられる。実際、ミッキーマウスは赤本や広告図案や雑誌漫画、またメンコや塗り絵に海賊版的に盛んに登場していたにもかかわらず、それが登場する紙芝居は戦前には見つからない[65]。資料の損耗が激しいため不確かな部分は多いが、紙芝居と輸入アニメーションの間には少なくとも一定の壁があったのである。

しかしこうした分離は、親たちにとってむしろ都合がいいものだった。かつて活動写真が恐れられたのは、劇場という年長者の目が届かない空間で階層の混交が起こることが警戒されたからである。それに対して輸入アニメーションと紙芝居は、新中間層と下層の年少者を分離する。学校制度の導入とともに、曲がりなりにも下層の人々とより上層の人々が「平等」に交じり合う空間が一九三〇年代日本にはできあがっていくが、それを再度、少なくとも放課後は区別する装置として、輸入アニメーションや紙芝居は親たちに許容されていくのである。

6　サブカルチャーの発生とゆらぎ

サブカルチャーの誕生

以上、輸入アニメーションと紙芝居は、階層が異なる少年たちにそれぞれ別の「居場所」を与える社会的な装置になる。とはいえ、両者はまったく異なる「楽しみ」だったとはいえない。重要になるのは、活動写真という最初期の産業的娯楽から放逐された年少者の経験を、両者がそれぞれの仕方で補っていたことである。年少者はかつてのように年長者に入り交じって活動写真を見るのではなく、ある意味では自ら「発見」した輸入アニメーションや紙芝居に没頭した。

そうして、都市の消費文化から次第に追いやられる年少者たちの楽しみが補われていくことになる。一九二〇—三〇年代、映画を代表に、百貨店やカフェなど、都市の盛り場には消費文化が膨らんでいく。年長者を主なターゲットにするそれらの消費文化を、年少者が自由に楽しむことは難しくなったのだが、映画の周縁領域に現れた輸入アニメーションや紙芝居などの娯楽はその代償になったのである。

こうして消費の空間から追いやられた年少者の経験を補った娯楽の対象を、ここでは「サブカルチャー」と呼んでおきたい。二十世紀前半、年長者と年少者が交じり合う娯楽の場所としての活動写真から、輸入アニメーションや紙芝居という対象者がより限定された娯楽が派生し、年少者たちだけの楽しみの場を作っていく。それらは、年少者たちが排除された「消費社会」の楽しみを部分的にであれ享受させ、ともに「消費社会」を生きていることを実感させる幻影（シミュラクル）としてはたらいたのである。

だとすれば、こうした娯楽の場を、大正童心主義が夢見たような子どもの能動性が発揮された文化的場か、あるいはマルクス主義が批判するような市場によって作り出された受動的なモードの場かと、二者択一的に評価することはできない。このサブカルチャーの場は、確かに年少者を金銭から遠ざける家庭や市場、国家への従属を前提として作られているが、同時にその内部でみれば、年少者は見たいものを消費する一定の能動性をもつ主体として振る舞えるようになっている。つまりサブカルチャーは、年少者たちを金を払う一人前の「消費者」としてもてなしながら、「消費社会」に再統合する装置として機能しているのである。

市場としてのサブカルチャー

ただし、こうして一九三〇年代に作られた年少者のためのサブカルチャーの場は、揺るぎがないほどに確立されたものではなかった。サブカルチャーはあくまで市場の商品として供給されるからであり、産業社会のなかでますます有利な購買力を与えられる年長者集団の嗜好や意向を、汲み取っていくなかでそれは変質していかざるをえないためである。

そもそも活動写真がそうだった。それは年少者の欲望を吸い上げる初めての産業的娯楽として成立しながら、都市新中間層の勃興とともに容易にそのパトロンを乗り換える。そうして活動写真は、市場を媒介に年少者の文化が年長者に飲み込まれる最初の敷居になったのである。

それを補い、確かにアメリカ漫画映画、また紙芝居は年少者たちによって自分の「味方」として発見された。ただそれも無傷のものだったわけではない。ここでは詳述できないが、アメリカ漫画映画や紙芝居を土台に戦後展開される日本の漫画・アニメ文化も、一九五〇年代末にもなると、より高年齢の享受者に「再占領」され始める。紙芝居を源流の一つとした劇画が「子供から大人になる過渡期においての娯楽読物」[66]になったことを一例として、戦後のベビーブーマーが成長していくなかで、六〇―七〇年代には、漫画そしてアニメで、年少者といえない者が徐々にターゲットに組み込まれ始めるのである。

その果てに、一九七〇年代末以降には「二次創作」として、成人男性と成人女性による漫画やアニメの「密猟」も盛んになっていった。阿島俊（コミックマーケット準備会代表の米澤嘉博のペンネーム）が、自分たちの活動を『ドラえもん』や『アンパンマン』など、「アニメを、次から次へとその毒牙にかけ、青年たちのオモチャに[67]」するものと自虐的に見なしているように、年少者向けのサブカルチャーを自分たちの快楽のために「密猟」する活動も進み、それがのちには、冒頭にみたように、年少者を排除した秋葉原のオタク街としての形成にもつながるのである。

おわりに

この意味で、私たちが本章でみてきた一九三〇年代のサブカルチャーの形成を、アリエス的な意味で「大人の文化」から切り離され、「子どもの文化」として自立したものとみることはできない。近代の市場は、年少者たちの文化を独自のものとして放置しない。それは商品として構成されるかぎり、より強い「消費者」としてある年長者の侵入を常に防ぐことができないからである。

したがって、「子ども」を大人から切り離された独自の文化によって支えられた存在とあくまで見なすならば、二十世紀に「子ども」は「誕生」しなかったし、これからも「誕生」することはないだろうというのが、本章の結論になる。「消費社会」として二十世紀が展開していくなかで、年少者は「消費者」として有利な位置を与えられず、おそらくこれからも――ベーシックインカムなどが大々的に導入されることなどがなければ――そうした状況は続く。だとすれば、「消費社会」の市場と少なくとも一定の関与をもって作られる年少者の文化は閉じることができずに、常に相対的により大きな購買力の侵襲にさらされつづけざるをえないのである。

別の言い方をすれば、「消費社会」がますます拡大していくなかで、「誕生」したのは、その社会から切り離された絶対的な「他者」——あるいは独自の文化——としての「子ども」ではなく、「消費社会」に包含されながらも不十分な購買力しか与えられない相対的な他者としての「年少者」だったといえる。年少者は、「消費社会」のなかでは年齢が一種のスティグマとなり稼ぐことを制限され、それゆえ自由に好きなものを買うことを掣肘される。一方で問題は、そうした制限を前提に、年長者が消費するための自由がより拡張されてきたことである。冒頭でみたように、秋葉原ではそれが顕著だった。年少者のまなざしを外部に追いやることで、年長者たちはある種の植民地的場として、かつて年少者のためのものだった消費の場を謳歌していくのである。

では年少者の消費が具体的にはどのように制限されてきたのかを問うことは、ここではやめておこう。私たちは活動写真をめぐる歴史的な事実から、この「消費社会」のみえにくい土台に、年少者を消費者として主体化することを遅延する力があることを明らかにしてきた。活動写真や映画からの年少者の排除を問うことは、こうして年少者を「消費社会」の二級市民としてとどめおくことを一種のアリバイとして維持される、独特の社会がなお生きられていることを明らかにするのである。

注

（1）NTTモバイル空間統計に委託しておこなった携帯GPS（衛星利用測位システム）を用いた調査から算定。渋谷は宇田川町、新宿、原宿は表参道周辺、銀座は銀座五丁目周辺、秋葉原は秋葉原電気街を中心としたそれぞれ二百五十メートルメッシュ。ただ池袋は乙女ロードを中心とした百二十五メートルのメッシュ。

（2）Henry Jenkins, *Textual Poachers: Television Fans and Participatory Culture*, Routledge, 2012.

（3）吉見俊哉『博覧会の政治学——まなざしの近代』（中公新書）、中央公論社、一九九二年、一五七ページ

（4）神野由紀『趣味の誕生——百貨店がつくったテイスト』勁草書房、一九九四年、同『子どもをめぐるデザインと近代——拡大する商品世界』世界思想社、二〇一一年

（5）本田和子『異文化としての子ども』紀伊國屋書店、一九八二年、六六—七七ページ

（6）加藤理『駄菓子屋・読み物と子どもの近代』（青弓社ライブラリー）、青弓社、二〇〇〇年、一五五ページ

（7）梅村推定（梅村又次／大川一司／篠原三代平編『労働力』〔「長期経済統計——推計と分析」第二巻〕、東洋経済新報社、一九八八年）に従う。この推定では、一九二〇年の国勢調査では年齢が明らかではない副業をもつ者がカウントされておらず、また三〇年の国勢調査では、住み込みの家事使用人の扱いが曖昧という問題が残るが、現時点では最も合理的なものとしてこの数字を採用する。

（8）実際、土方苑子によれば、一九二〇年代から三〇年代には、小学校に通学しない者や退学者が大きく減る（土方苑子『東京の近代小学校——「国民」教育制度の成立過程』東京大学出版会、二〇〇二

年、三二ページ)。
(9)「家庭の小学児童」「児童教育」第十五巻第六号、日本児童学会、一九一一年
(10)三田谷啓『活動写真に関する調査』三田谷啓、一九一六年、五―九ページ
(11)海野幸徳『児童と活動写真』表現社、一九二四年、三八七ページ
(12)板倉史明も、三田谷啓による「半数以上」が小児観客だったという調査を引きながら、「小人観客が一九一〇年代の主要な観客層であったことは当時の統計資料から明白」と指摘している(板倉史明「映画館における観客の作法――歴史的な受容研究のための序論」、黒沢清/吉見俊哉/四方田犬彦/李鳳宇編『日本映画は生きている』〔「日本映画は生きている」第一巻〕所収、岩波書店、二〇一〇年、二三一ページ)。
(13)権田保之助「民衆娯楽問題」『権田保之助著作集』第一巻、文和書房、一九七四年、八七ページ
(14)同書八七ページ
(15)同書二一四ページ
(16)「東京朝日新聞」一九一六年一月十六日付
(17)東京府学務部社会課「労働児童調査　第一部」、中川清監修『少年労務者』(「労働者生活調査資料集成　近代日本の労働者像一九二〇―一九三〇」第六巻)所収、青史社、一九九五年、四八ページ
(18)前掲「民衆娯楽問題」八七ページ
(19)牧野守『日本映画検閲史』パンドラ、二〇〇三年、五七七ページ
(20)牧野守監修『「活動画報」第一巻第十号~第一巻第十二号』(「日本映画初期資料集成」第九巻)、三一書房、一九九一年、三七ページ(初出:一記者「六区の活動街より」「活動画報」十月号、正光社、一九一七年)

(21) 松本学ほか「映画国策座談会(二)」「映画教育」第七十四号、全日本映画教育研究会、一九三四年、一五ページ
(22) 国際映画通信社『映画年鑑 昭和編Ⅰ―1 大正十五年版』日本図書センター、一九九四年、五三ページ
(23) 年少者が見ていたのは、「労働者、職人、河岸の兄貴連」(前掲「民衆娯楽問題」二八二ページ)と同じく、主に尾上松之助や沢村四郎吾郎が活躍した時代物だったと権田はいう。
(24) 内務省警保局「活動写真フィルム検閲年報」龍渓書舎、一九八四年、各巻
(25) 同資料
(26) Aaron Gerow, *Visions of Japanese Modernity: Articulations of Cinema, Nation, and Spectatorship, 1895-1925*, University of California Press, 2010.
(27) 藤岡篤弘「日本映画興行史研究――1930年代における技術革新および近代化とフィルム・プレゼンテーション」「CineMagaziNet!」No. 6、二〇〇二年(http://www.cmn.hs.h.kyoto-u.ac.jp/CMN6/fujioka.html)[二〇二〇年九月一日アクセス]
(28) 藤岡篤弘「近代化する都市の映画観客――ニュース映画館の形態と機能」、加藤幹郎編『映画学的想像力――シネマ・スタディーズの冒険』所収、人文書院、二〇〇六年
(29) 久能龍太郎『紙芝居の作り方』(少年文庫)、春陽堂、一九三三年、九八ページ
(30) 斎藤修『賃金と労働と生活水準――日本経済史における18－20世紀』(一橋大学経済研究叢書)、岩波書店、一九九八年
(31) 各年の「国勢調査」。「e-Stat」(https://www.e-stat.go.jp/)[二〇二〇年九月一日アクセス]
(32) 前掲『映画年鑑 昭和編Ⅰ―1 大正十五年版』四三ページ

(33)「読売新聞」一八七七年七月十日付
(34)「東京朝日新聞」一八八〇年八月二十八日付
(35) 中川清編『明治東京下層生活誌』(岩波文庫)、岩波書店、一九九四年、二五八ページ
(36) 荻原佐幸「子供の小遣銭」「社会福利」一九四〇年四月号、東京府社会事業協会、五〇ページ
(37) 朝比奈信康「少年期の子供に小遣いを与ふるの可否論」「社会と家庭」第一巻第二号、輔導協会、一九二六年、二七ページ
(38) 草間八十雄『どん底の人達』玄林社、一九三六年、二八九—二九一ページ
(39) 前掲「子供の小遣銭」五一ページ
(40) とし子「子供と金銭に就ての経験」「婦人之友」一九一五年十二月号、婦人之友社、三〇ページ
(41) 長浜宗佶『小児養育の心得 増補再版』長浜宗佶、一九〇六年、一二三ページ
(42) 小山一子「子供の小遣銭で持て余した実験」「婦人くらぶ」一九一〇年五月号、紫明社、六八ページ
(43)「子供に与へる小遣に就ての経験と感想」「婦人之友」一九二五年五月号、婦人之友社
(44) 氷室好夫『過つ少年工』霞ケ関書房、一九四一年、九一—九二ページ
(45) 胡蝶「よい働きを選んで」「婦人之友」一九二〇年十二月号、婦人之友社、五六ページ
(46) 羽仁もと子「家人の小遣は如何にすべきか」「婦人之友」一九一一年四月号、婦人之友社、三九ページ
(47) 高田四郎「児童の小遣銭についての調査」、東京文理科大学心理学教室編「教育心理研究」一九四〇年三月号、培風館。ただしここで有意な差が出ていないが、それは一つにはワーディングの問題で、「時々頂く」ということの意味が曖昧なためと想定される。

(48)松山俊「子供に小遣を与へた経験」「婦人之友」一九一六年十二月号、婦人之友社、九六ページ
(49)柳井義男『活動写真の保護と取締』有斐閣、一九二九年、八六八ページ
(50)岩波喜代登「岩波喜代登氏談」「婦人之友」一九二六年四月号、婦人之友社、一一九ページ
(51)穎田島一二郎『那爛陀苑の娘達』日本出版社、一九四二年、二四八ページ
(52)稲田達三「学校映画会の意義 映画教育経営の根拠(二)」「映画教育」一九三六年十二月号、全日本映画教育研究会、四五ページ
(53)「六大都市における「年少者の映画観覧制限」並に「文化映画の指定上映」に関する調査」「映画教育」一九四〇年二月号、全日本映画教育研究会、一〇ページ
(54)「世論調査報告・映画観客の動態――東京の映画館観客調査から」「キネマ旬報」第六十七号、キネマ旬報社、一九四九年
(55)神奈川県川崎統計調査課「興行街における映画観客層の実態」「興行界」第七十二号、映画興業研究所、一九五七年
(56)芦屋小雁『笑劇の人生』(新潮新書)、新潮社、二〇一八年、一八ページ
(57)「大阪毎日新聞」一九二九年九月五日付。その後もミッキーマウスシリーズだけで、以降、九十九作品と、ほとんどすべてのミッキーマウスシリーズが、輸入・検閲・公開され、一九四一年まで一定のペースで延べ四百七十八本のフィルムが公開のために検閲されている。なお、作品の同定については渡辺泰の助言を受けた。内務省警保局「映画検閲時報」不二出版、一九八五年、一九八六年、各巻
(58)今坂一男ほか「漫画映画座談会(続)」、前掲「映画教育」一九三六年十二月号、二一―二二ページ
(59)岡本一平「漫画映画」「教育」第四巻第十一号、岩波書店、一九三六年、八〇ページ
(60)手塚治虫『手塚治虫エッセイ集2』(「手塚治虫漫画全集」別巻5)、講談社、一九九六年、六九ペ

ージ

(61) 実際、著者がおこなった調査（二〇一八年十一月に、fastask を通して一九三四年までに生まれた二千九百四十六人に依頼のうえ、回答を得た五百十八人中、回答が不明のもの三十人を除く）でも、「あなたが一〇歳（尋常小学校五年生、または国民学校五年生）ごろ、ミッキーマウスやポパイなどの、アメリカ産アニメーション映画をよくみに行った」という問いに対し、全体で七・九％が肯定的に答えたのに比べ、父親が「サラリーマンとして会社に勤めていた」者は、一三・三％で唯一、統計的に有意（P＜0.01）に高くなっており、こうした階層がアメリカ産アニメーションの鑑賞者の主力だったことがわかる。

(62) 前掲『紙芝居の作り方』二〇―二一ページ

(63) 加太こうじ『紙芝居昭和史』（岩波現代文庫）、岩波書店、二〇〇四年、九―一二ページ

(64) 姜竣『紙芝居と〈不気味なもの〉たちの近代』（越境する近代）、青弓社、二〇〇七年、六六ページ

(65) ただし菓子メーカーが景品として配った玩具紙芝居にはミニーマウスの図像がみられる（参天製薬「ノラクロのバクダン」個人蔵）。それはこうした紙芝居が、下層の年少者のためのものではなかったからだろう。

(66) 桜井昌一『ぼくは劇画の仕掛人だった』エイプリル・ミュージック、一九七八年、九五ページ

(67) 阿島俊『漫画同人誌エトセトラ’82－’98――状況論とレビューで読むおたく史』久保書店、二〇〇四年、一八〇ページ

終章　多様性としての近代から現代へ

元森絵里子

1　多様性としての子どもの近代

各章の議論から

本書の各章は、「子ども」という社会的カテゴリーをめぐる言説と実践・制度の多様性と近代性を同時に描いてきた。フィリップ・アリエスに代表される社会史は、私たちがそういうもの、そうあるべきものと信じてきた子どもへのまなざしや家族のあり方が普遍的なものではないという了解をもたらした。しかし、それは同時に、戦前期に、国家の統治戦略と都市新中間層の家族戦略の相互作用によって一枚岩の子ども観・子どもへの処遇が「誕生」し、社会の隅々まで「浸透」して「現代」（アリエスの邦訳出版は一九八〇年）に至るとでもいうような図式的理解に帰結しがちだった。近代から後期近代・再帰的近代へ、近代家族規範から親密性の変容へといった社会学の図式もこれに棹さす傾向があった。それに対して、主として児童福祉や少年司法の対象になりそうな子どもたちの領域を扱った本書の各章がみてきたのは、それとは異なった多様な近代の姿である。

各事例では、明治初期（一八七〇年前後から八〇年代半ば）までとは明らかに異なる、近代的と呼びうる論理や制度が一定のまとまりをもって成立したとみえる部分もある。しかし、より細かくみていくと、単純な「誕生」論図式に収まらない、多様な要素のせめぎ合いとしての近代がみえてくる。

序章「子ども観の近代性と多様性への視角――「誕生」図式を問い直す」（元森絵里子）で「線」「複合体」「逃走線」という比喩を、しばしばそれに付随しがちな「複合体」の誕生・全域化や「逃走線」の消滅という歴史図式を前提としないようにして参照すると述べた。各章がおこなったのは、いわば、多様な「線」が多様な形で「複合体」のようにまとまる一方で、絶えずそこから逃げていく「線」もあり、「複合体」自体も次々に組み変わっていくという、動態的な歴史の一局面一局面を描き出す作業だったといえる。

第1章「「稼ぐ子ども」をめぐるポリティクス――児童保護をめぐる多様な論理」（元森絵里子）では、工場法と児童虐待防止法の成立過程の議論を検討した。これらは、一面だけ見れば家族と学校から取りこぼされがちな層を包摂する児童保護（戦後の児童福祉）のための立法の必要性が認識され、そのための法整備が進んだ歴史と解釈することもできる。しかし、工場法への反対意見には、年少者を保護し教育すべき「子ども」としてみずに安価な労働力として使役したいという論理が明確に存在し、法制定はそれが完全に駆逐されたことを意味しない。一方、雑業である軽業・曲馬に使役される存在は、新中間層に、「子どもらしい子ども」時代を享受できる自らの子弟と対比・類比して教訓にしたり、娯楽として消費したりされている。そこからわかるのは、この時期には現代よりも多様な論理があからさまに語られていた現実と、一方でそれを完全に封殺したわけでもなく温存しながら、他方で戦後の児童福祉法に連なるような規範と制度が成立したというその後の歴史である。歴史のなかで、児童福祉という言説と制度と実践の「複合体」から消えたほかの論理(「逃走線」)は、その後、この社会のなかからも消えたのだろうか。児童保護の論理の勝利とはおよそ思えない法律成立の様相は、違法労働をありえないこととして、わずかに存在するそれを不可視化しながら、性風俗を含む違法な就業に追い込まれた「子どもの貧困」の物語をモノグラフやドキュメンタリーとして消費する現代を暗示しているようにもみえる。

第2章「貰い子たちのゆくえ——昭和戦前期の児童虐待問題にみる子どもの保護の接合と分散」(高橋靖幸)は、戦前期の「児童虐待」という語の概念史を追ったものである。そこでは、一見どちらも児童を保護したいという意図の表れのように思える「貰い子」批判と「児童労働」忌避とが妙な形で交錯している。当初、「貰い子殺し」や「継子いじめ」を契機として言説化された「児童虐待」が、社会問題化される過程で、子どもが「街頭興行」「特殊労働」のような雑業に従事することを意味内容に取り込み始める。しかし、世を騒がせた貰い子殺し事件を契機に児童虐待防止法が成立したとき、むしろ「貰い子」問題は「児童虐待」の範疇から外され、産院をスケープゴートにした「産院・産婆問題」とみなされていく。また、児童虐待防止法について、児童労働減少という効果が賛美されるとともに、家計のために労働する「孝行」を抑圧することを惜しむノスタルジーも生み出していく。「児童虐待」という一つの語を追尾することで、一見「児童虐待防止」や「児童保護」とみえそうな多様な論理（「線」）が絡まって、あたかも児童保護（児童福祉）の制度の端緒が「誕生」したようにみえながらも、非嫡出子などへの対応を必要とする側と労働力を欲する側とが作り出す秩序の前に、「貰い子」をめぐる児童保護の主張の多くが瓦解していくという戦前期の様子が明らかになる。ここから、二十世紀末のまったく異なった「児童虐待」を対象とする児童虐待防止法まで、さらに多様な論理の離合集散があったことが予感できる。

第3章「孤児、棄児・浮浪児の保護にみる「家庭」／「教育」――戦前期の東京市養育院での里親委託の軌跡から」（土屋敦）は、家庭での育ちからこぼれ落ちた孤児・棄児・浮浪児の代替養育（里親委託／施設措置）の実態と論理を明らかにしたものである。東京市養育院の里親委託をめぐる統計と言説の再構成からみえてきたのは、子どもの養育を家族が第一義的に担うという新中間層的な家族規範が戦前期に「誕生」し、戦後にかけて最も恵まれない層に「浸透」していったという図式とも、アメリカの第一回ホワイトハウス会議以降、家庭的養護優先の原則が徐々に「浸透」していったという図式ともまったく異なった歴史である。里親委託の背後にあったのは、家庭的養護を是とする規範ではなく、人工栄養の未発達（母乳の必要）という技術的制約であり、不良少年になる可能性がある子どもたちに必要なのは、家庭的養護ではなく、施設による（再）教育だとされていた。発達理論や知能検査という当時発達しつつあった技術も、これを支持するようになっていた。戦後はこの延長線上にはなく、人工栄養の普及や、愛着障害という概念の流布など新たな潮流が家庭的養護規範を浮上させ、親がいる子の児童虐待問題が施設養護の問題に合流するなかで、現代的な家庭的養護優先の原則が成立するという。つまり、代替養育の領域で、子ども観と子どもの処遇の多様な「線」は絶え間なく組み替わり、そのときどきの「複合体」を現出させているということがみえてくる。

第4章「消費する年少者と家族の戦略――「活動写真」から「映画」へ」（貞包英之）は、子どもの消費の歴史という、既存の子ども研究が扱いあぐねていた領域に光を当てたものである。従来の文化社会学が描く子ども向け消費の「誕生」の歴史は、別の角度からみれば（別の「線」を追えば）、能動的消費者としての年少者の消滅の歴史とも言い換えられる。新中間層家族の子どもの処遇を前提とした従来型の歴史理解は、賃労働者兼都市消費文化の消費者として振る舞っていた下層の子どもたちの世界を含めた、広い文脈に置き直されるべきなのである。その観点からは、子ども文化研究が戦後の路地裏的な世界観に子ども集団のアジールを見いだしがちであるのも、現代を新中間層的な子ども観の全域化した時代と見なすからこそのノスタルジーだと明らかになる。活動写真から映画への変化に交錯する年少者たちの消費からの放逐は、子どもに関する規範の誕生や浸透からは説明できない動態的なものである。賃労働から年少者が放逐されるのは、法規制以前に産業が高度化するからだし、非新中間層の子どもたちの娯楽の消費が難しくなるのは、映画というコンテンツが高度化し高額になるからである。この過程で登場するのが、子どもには払えない額の子ども向け商品であり、それらを親のお金で買い与えながら、消費そのものではなく金銭管理術の習得や節制のためにおこづかいを与える新中間層の文化である。そして、相応のおこづかいを貰って放課後を過ごすようになった非新中間層に安価な娯楽として提供されるのが、駄菓子屋や紙芝居の世界なのである。国家統制や親の戦略とは別の資本という力が見え隠れする、このような多様な線の再編過程は、戦後にそれがさらに再編されていくことを暗示している。「子ども」の「誕生」図式でも、その陰画として展開された「子ども」の「変容」「消滅」図式（「消費社会と子ども」や「ニューメディアと子ども」といった語り口も含めて）でもみえてこない歴史が浮かび上がる。

「子どもの誕生」論とは何だったのか

各章が扱ったのは、それこそ多様な子どもをめぐる近代の観念、言説、実践、制度などの無数の事例のうちの四つにすぎない。しかし、それぞれに、単線的な「誕生」「浸透」図式ではみえない雑多で多項的な近代が垣間見えたのではないだろうか。

そして、そこから逆照射されて浮かび上がるのが、過剰に図式化された「誕生」論は、近代国民国家や都市新中間層という「線」を追ったときに大まかにみえてしまう歴史像なのではないかという仮説である。子どもを通じた近代国民国家と資本主義の立ち上げ（富国強兵）を目的とした国家統制や、学歴取得を通した賃金（サラリー）獲得を自らの再生産の鍵とする都市新中間層家族の戦略に注目した場合、確かに、明治末期から昭和初期（一九一〇年前後から三〇年代）にかけて、現代につながる感覚や制度が「誕生」したようにもみえてしまう。そして、その延長線上に、それが戦後にかけて、地域や階層的な「末端」へと「浸透」していったという図式が説得力をもってしまう。国家の統制は、総力戦体制期にも、戦後福祉国家体制期にも続いているとみえるだろうし、戦後福祉国家体制と経済成長によって、都市新中間層的なライフスタイルや再生産戦略をとる家族は確かに増えているのだから。フィリップ・アリエスの『〈子供〉の誕生』[1]が世界的に読まれたのは、このような前提を伴ってのことではないだろうか。

つまり、子ども観やその処遇が歴史的なものであるという指摘への驚きは、家族と学校に囲い込まれた近代的な子ども期がすべての子どもたちに行き渡り、彼ら／彼女らを抑圧しているという想定と結び付いていただろう。そこには、近代化の負の側面を問題視する時代感覚があったことも想像に難くない。

そもそも、アリエス自身の記述に、アンシァン・レジーム期の社交共同体へのノスタルジーともとれる、近代批判の要素があることは否定できない。小谷敏は、アリエスの思想に「王党派的アナーキズム」を見いだし、同様に世界的ヒットとなったミシェル・フーコーとイヴァン・イリッチと並べ、その共通点を「近代を閉じ込めと監視と訓練の時代としてとらえ、その抑圧的性格を告発する」点だと指摘している。[2]第二次世界大戦後、戦後福祉国家が豊かな社会を実現するなかで、「子ども」を定義し処遇する制度はほぼ整い、実際に多くの子どもたちが学校教育制度の理念と近代家族規範に沿った子ども時代を送れるようになっていた。その行き着いた先に、そのような近代的な子育て・教育を「規律権力」（フーコー）として批判し、「脱学校」（イリッチ）を主張するような時代の空気のなかで、「子どもの誕生」論はその近代的子ども観を批判的にみる感覚を伴って受容されていった節がある。

階級論的な社会理解が根強かったヨーロッパやエスニシティの対立を強く意識せざるをえないアメリカなどに比べても、日本の文脈では、均質な子ども期、均質なライフコースがよりリアルに感じられただろう。一九七四年に高校進学率が九〇％を超え、子どもの均質性を大前提に、「学歴社会」「いじめ」などに象徴される学校問題や、少年犯罪の増加（一九八三年に戦後最大の検挙者数）が問題視されていた。テレビの普及や電子ゲームの登場、遊び場の減少などもそれに拍車をかけ、一枚岩のはずの「子どもの変容」や「子ども期の消滅」が社会でも学術界でも議論されていた。[3] 学校とともに、子どもの養育を一手に引き受けた家族の病理にも注目が集まり、少しのちに、「児童虐待」が社会問題化していく。子どもと子育てを抑圧し変容させてしまうような「近代」が批判されたといえる。[4]

しかし、繰り返すように、このストーリーからこぼれ落ちる論理や実践は大量にある。子どもが「誕生」したとされる時期と並行する明治期後半から昭和戦前期（一九一〇年前後から三〇年代前半ば）にかけて、非都市新中間層の年少者や彼らを取り囲む論理に目を向ければ、大まかにみれば、児童保護（児童福祉）の言説や制度や実践が「誕生」しているかにもみえるが、細かくみれば、より雑多な思想や思惑の寄せ集めであるものとして、子どもの近代を描き直さざるをえなくなる。

もちろん、単に多様であるということにとどまらず、そのなかから一定の抽象化をしていくことも可能だろう。例えば、本書の各章から繰り返し浮かび上がってくるのは、階層差という視角と市場の力という視角である。各章で描き出したように、下層や雑業層の子どもたちに対しては、現代の目からみるときわめて差別的な言葉が重ねられていて、都市新中間層の子どもたちと同一の「子ども」とはみられていない。こういった分断が戦後の「学校化社会」「一億総中流社会」のなかで本当に消えたのかというと、おそらくそうではないだろう。各章が明らかにしたように、子ども向け商品市場が誕生する横では、金銭を媒介に子どもを売り買いする「貰い子」「里親委託」の市場が登場していたし、賃労働者としての子どもたちが消費者として振る舞っていた。戦後のある時期以降、消費文化が子どもたちを変えたという議論[5]がまことしやかにされたり、子ども向け文化を卒業せず大人の購買力でそれに向き合う「オタク」が注目されたりするが、その背後の市場の力学とその歴史的奥行きに注目すれば、「子ども」（ないし「子ども／大人」の境）が確固として確立され、そして「変容」「消滅」しつつあるという図式は見直せるだろう。文化的再生産という意味合いではなく、これらの階層や市場の力学が織りなす歴史の絡まりをみていく必要があるだろう。

いずれにせよ、本書の先に、「誕生」したものが「浸透」し批判されるべきレベルにまで全域化していくようにもみえる戦後の事例も具体的に描き直していく必要がある。その先に、次節でみるようなアリエスインパクト以降の子ども論、とりわけ子どもを語る議論の布置が急速に変化する二〇〇〇年代以降を見通すことができるように思われる。

2　子どもの現代の系譜学的相対化へ

アリエスやフーコーやイリッチが衝撃を伴って受け入れられた一九八〇年ごろから、子どもへの学術的・政策的アプローチは大きく変動してきた。

子どもの囲い込み批判、近代批判の傾向は、一方では、脱近代的で、より子どものためを重視した「新たな子ども観」を提案するという風潮と結び付いていく。一九八九年制定の「国連子どもの権利条約」は、保護 protection と栄養や教育の提供 provision といった従来の子どもの権利（受動的権利）に加え、意見表明権など社会参画 participation のための子どもの能動的権利を主張する。これに象徴されるように、教育的、規律的で、大人中心とされた「従来の子ども観」に、子ども中心で、遊びや地域や子ども集団の意義を強調する子ども観という「新たな子ども観」が対置され、多くの脱近代的な子ども論が展開された。

他方では、少年犯罪に対する厳罰化の要求のように、子どもらしくないと判断された年少者たちを排除しようとするムードが高まる。非行の背後の生活環境などの社会経済的要因は看過されたまま、行き渡ったはずの子ども期から逸脱するのは本人の心がけの問題に帰属されるのである。

この、近代を批判して非近代的な社会に本質を探ったり脱近代の可能性を模索したりする傾向と、近代の先に現代の子ども逸脱志向を批判し「子ども」から排除しようとする傾向とは、奇妙な位置関係にある。この点は、広田照幸が図1のようにまとめている。[6] これによれば、近代的な保護と教育を旨とする近代的な子ども観とその処遇の仕組みが、二つのやや異なった方向に問い直されていると整理できる。すなわち、一つは、近代的子ども観が子どもたちを取り囲み抑圧しているという前提で、保護・教育からの解放をうたう風潮、もう一つは、それがうまく機能せずに問題を抱えた

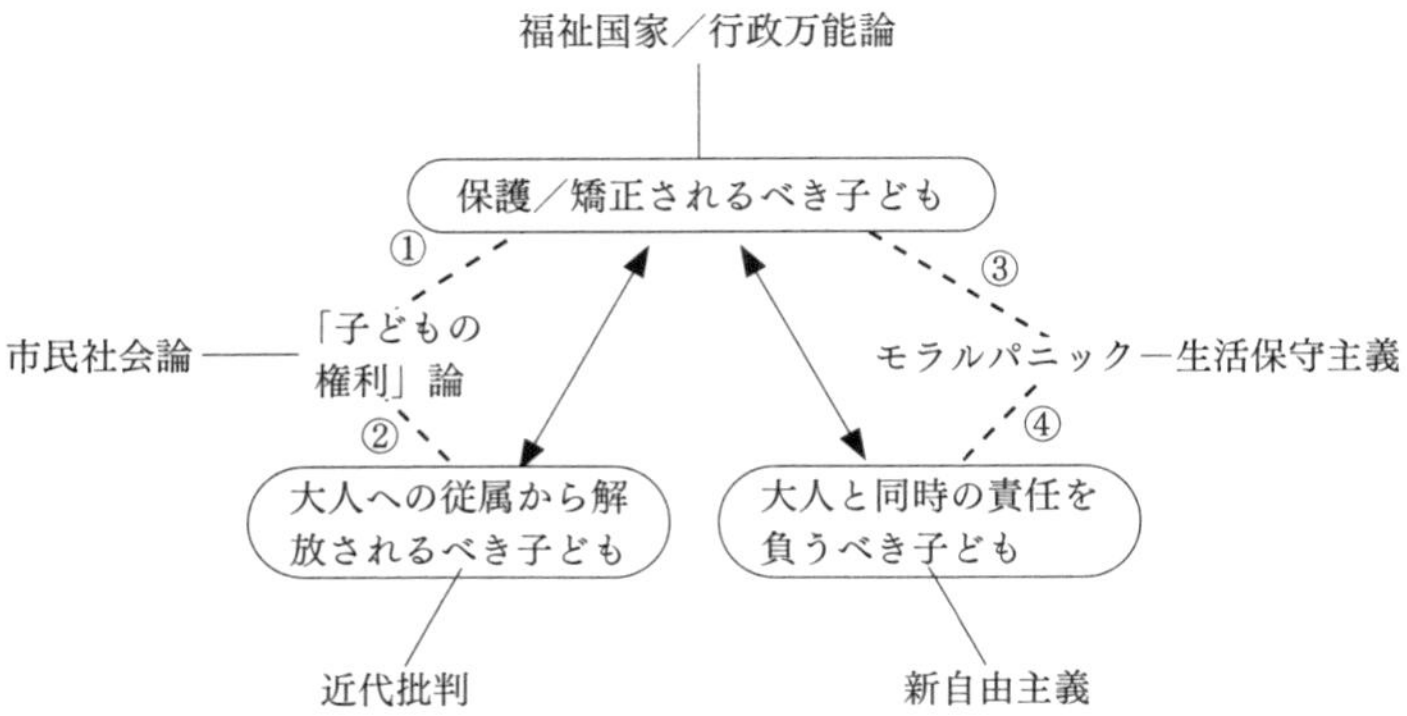

図1　子ども像の対抗関係
（出典：広田照幸「〈子どもの現在〉をどう見るか」「教育社会学研究」第63集、日本教育社会学会、1998年、17ページ）

子どもが増えているという前提で、保護・教育を解体して大人同等に責任を負わせるべきだと論じる風潮とみることができる。

二〇〇〇年前後から、ここにバックラッシュともみえかねない新たな傾向が加わる。実は、広田の議論自体が、近代批判と新自由主義の共振可能性を指摘するものであった。近代的な子どもの処遇が歴史的なものであり、かつ抑圧的なものだとして、それを乗り越えようとする試み自体が、生存と教育を保障する近代的な営みを掘り崩す新自由主義を下支えしかねないというのである。アリエスらの社会史に棹さしながら、子どもや教育の「誕生」を近代教育への批判意識とともに検討した立場からも、「近代教育批判は、教育なるものの枠組みをすべて取っ払って、子どもを裸のまま現実にさらせ」というものになってしまったという反省の声が上がっている。[7]

この先に、二〇〇〇年代には、新自由主義的・新保守主義的政策がもたらした、新手の管理（ハイパー・

メリトクラシー」を批判しながら、格差（「意欲格差」）を是正するために近代的といえる生存保障や教育保障を提案するという議論が多くなされている。一〇年代には、「子どもの貧困」ブームも相まって、家庭的養護と学校教育を強化していく政策傾向もみられる。「教育と福祉のクロスオーバー」に期待が寄せられ、各種の問題のスクリーニング機関として学校を活用する向きもある。アカデミックな議論でも、子ども観と子どもの処遇の歴史的相対性を問う志向は急速に後退し、一方で、外国ルーツの子や障害をもつ子など多様な子どもを認めていこうという機運が高まり、他方で、虐待や貧困やヤングケアラーなど近代的な子ども期から望まずしてこぼれ落ちた層をどうスクリーニングして生存・教育保障をしていくかのほうが政策課題として重要になっている感もある。

つまり、二〇二〇年代に突入した現在、子どもの権利や尊重という議論も、自己責任論も、まだ根強く残っているが、そこに、保護・教育からこぼれ落ちた子どもたちを問題視し、保護・教育に（再）包摂しようという動き（図1でいう上方に引き戻す言説）が、多様性尊重のムードを伴って急速に目立つようになってきたという構図となっている。目下、新型コロナウイルス問題で、家族と学校以外の子どもの居場所が失われる傾向があり、そのなかで、より脆弱な立場に置かれた子どもたちの支援も社会的な課題になっている。このことが、子ども観をめぐる矛盾さえする志向の拮抗関係をどう変えていくのだろうか。

子どもの尊重と自己責任論、多様性尊重と生存・教育保障が引き合っている現状は、近代国民国家と近代家族の子ども観という「線」を追っただけでは、また、「誕生」から「浸透」、そして近代批判やその揺らぎの指摘へという図式だけでは、描ききれない。本書の先に、児童福祉や少年司法といった非近代家族的な子ども時代を生きる子どもたちの世界や、そこに介入する児童福祉などの論理、さらには消費文化や地域・市民社会などといった分野の戦後史を描き直していくことが、現代（史）の記述にとっても必要なのではないだろうか。多様な「線」が多様な「複合体」を組み替えていく先に、戦後から現代を位置づける作業を続けていく必要がある。

注

（1）フィリップ・アリエス『〈子供〉の誕生――アンシァン・レジーム期の子供と家族生活』杉山光信／杉山恵美子訳、みすず書房、一九八〇年

（2）小谷敏「アリエス・本田和子・八〇年代文化――子ども言説を規定したもの」、小谷敏編『子ども論を読む』（SEKAISHISO SEMINAR）所収、世界思想社、二〇〇三年、九九ページ

（3）電子メディアの時代が子ども／大人の境界を曖昧にしているというニール・ポストマン『子どもはもういない――教育と文化への警告』（小柴一訳、新樹社、一九八五年）や、家族の変化で身体的虐待や過剰教育が増えていることを警告したマリー・ウィン『子ども時代を失った子どもたち――何が起っているか』（平賀悦子訳、サイマル出版会、一九八四年）のような議論が世界的に流行し、すぐに邦訳され、メディアと虐待という扱うテーマの違いや、肯定評価と否定評価の違いを無視して、「子ども期の消滅」論と並べられたりもした。前提にあるのは、急速な社会変動によって近代子ども期を構成していた諸要素に変化が加わったという見立てである。

（4）例えば、フィリップ・アリエスやエドワード・ショーターの影響を受けた日本の社会史の研究の一

部が、中内敏夫らの試み（第1巻編集委員会編『教育――誕生と終焉』〔「叢書 産む・育てる・教える 匿名の教育史」第一巻〕、藤原書店、一九九〇年、など）や、沢山美果子の一連の研究（沢山美果子『近代家族と子育て』吉川弘文館、二〇一三年）のように、近代以前の産育の社会史に向かっていったことが一つの象徴といえる。また、この時期の日本で、原ひろ子『子どもの文化人類学』（晶文社、一九七九年）を嚆矢として、文化人類学者による非近代的な社会の子育てや子ども観の探求が展開されている。各研究者の観察で蓄積されていた近代化していない社会の事例が、西洋や日本の閉塞した育児・教育を逆照射するものとして参照され、それらを重ね合わせていくと「子ども文化の原像」（岩田慶治編『子ども文化の原像――文化人類学的視点から』日本放送出版協会、一九八五年）に迫ることができるかのように見なされていたのも、同様に象徴的だろう。これらの一九八〇年頃の近代批判のムードの批判的検討については、元森絵里子「子どもをどう見るか――20世紀の視角を乗り越える」（元森絵里子／南出和余／高橋靖幸編『子どもへの視角――新しい子ども社会研究』新曜社、二〇二〇年）五―六ページも参照のこと。

(5) 早いものでは、阿部進『現代子ども気質』（新評論、一九六一年）など。

(6) 広田照幸「〈子どもの現在〉をどう見るか」「教育社会学研究」第六十三集、日本教育社会学会、一九九八年、一七ページ

(7) 森田伸子、聞き手・大内裕和「子ども史から見る戦後社会――民主主義の尖兵から市場の子どもへ」、「特集 教育の現在」「現代思想」二〇〇二年四月号、青土社、一〇九ページ

(8) 本田由紀『多元化する「能力」と日本社会――ハイパー・メリトクラシー化のなかで』（日本の〈現代〉）、NTT出版、二〇〇五年

(9) 苅谷剛彦『階層化日本と教育危機――不平等再生産から意欲格差社会《インセンティブ・ディバイド》へ』有信堂高文社、二〇〇一

年

(10)「子どもの貧困」が社会問題化した背景には、阿部彩『子どもの貧困――日本の不公平を考える』(〔岩波新書〕、岩波書店、二〇〇八年)のインパクトがあるだろう。二〇一〇年代には、子ども食堂がブームになり、子どもの貧困対策の推進に関する法律(二〇一三年)、子供の貧困対策に関する大綱(二〇一四年)と、法整備が進んでいく。その先に、乳幼児期から最終学校卒業までをこまめにスクリーニングし支援していく学習・生活支援事業などが整えられている。

おわりに

高橋靖幸

私たちが本書のテーマである「多様な子どもの近代」を構想するきっかけになったのは、子どもに関係する歴史社会学的研究をおこなってきた元森絵里子、土屋敦、高橋が研究交流するなかで着手することになった共同研究である。

本研究は、現代の子ども問題、例えば、児童虐待や子どもの貧困などの問題を考えるためには、「子ども」という存在を一枚岩的に捉えて問題を理解しようとするのではなく、様々な現実の重なりや関係のなかで捉えて考察する複層的・重層的な視点が必要であり、またそのための子ども研究の基盤を構築する意義を感じたところから始まった。そして議論を続けるなかで、子どもの説明でしばしば参照されやすい、近代的子ども観の「誕生」と現代における「揺らぎ」という歴史認識を再検討することが、一つの課題だという知見を共通にもつに至った。

こうした関心から本研究は、現代の子ども問題の源流として昭和期に焦点を当て、教育、福祉、家族などの幅広い領域での、子どもにまつわる諸概念・諸制度の歴史を明らかにする活動に取り組むことになった。この研究は、科学研究費補助金（二〇一七年度―一九年度、基盤研究（C）「子ども観の昭和史——教育・福祉・家族の網の目と多様な子ども観の歴史社会学」〔研究課題番号：17K04695〕）の助成を受けておこなった。

研究の取り組みでは、一九九〇年代以降に欧米諸国で展開された、いわゆる「新しい子ども社会学」の潮流に与した代表的な文献の読解をはじめとして、それぞれの研究テーマのもとに資料の収集と分析をおこない、日本の子どもの近代の歴史を複層的・重層的な視点から捉える研究基盤の構築を着実に進めた。その研究の成果の一部は、元森、土屋、高橋が執筆に加わった元森絵里子・南出和余・高橋靖幸編『子どもへの視角——新しい子ども社会研究』（新曜社、二〇二〇年）に所収しているので、関心をもたれる読者は手に取っていただきたい。

なお、研究活動の一環として、角兵衛獅子の発祥の地といわれる新潟県の旧月潟村（現在の新潟市南区）にも訪問した。郷土物産資料室で角兵衛獅子に関する貴重な資史料を見たり、また資料室で偶然お会いした現地の方に角兵衛獅子にまつわる幼少期の頃の話をうかがい、そのあとに町を案内していただいたりと、現場におもむかなければ経験できない貴重な時間を得ることができた。このあとも日を改めてこの地をたびたび訪問し、角兵衛獅子保存会の方々、役所や商工会の方々から話をうかがったり、また保存会に所属する子どもたちの角兵衛獅子の練習風景や、月潟まつり（角兵衛地蔵尊祭）での角兵衛獅子の舞を実際に見せてもらったりもした。

こうした角兵衛獅子という具体的な事例をもとにして、過去と現在を往還する調査研究に取り組んだことが、子どもの近代を問う視点についてより深く考える機会を与えてくれたように思う。私たちは、近代的な子ども観の一枚岩的な誕生という歴史の認識を所与としてしまうことで、取りこぼされていく子どもの歴史が確かにあることを共通の問題意識としてもつことになった。

そこで、子どもの近代の歴史性を詳細に探求するにあたって、さらに時代をさかのぼって明治期から昭和戦前期までを対象に、「子どもの誕生」とみえる歴史の様相を複層的・重層的な視点から記述することが、共同研究の次の目標になった。現在、新たに科学研究費補助金（二〇二〇年度―、基盤研究（C）「日本の児童保護事業と学校教育の普及における近代的子ども観の構築に関する研究」〔研究課題番号：20K02590〕）の助成を受けて研究に取り組んでいる。

この過程で、もう一人の執筆者である貞包英之が、消費社会論の見直しという観点から、子どもの消費の歴史社会学的研究をおこなっているという情報を得て研究会に参加を呼びかけ、三人の問題意識とすり合わせながら執筆に加わってもらうことにした。昭和戦前期、自らの稼ぎをもとに能動的に時代を生きる年少者の姿を対象にして歴史を描く研究が加わることで、子どもの近代の多様性や複雑性がより積極的な形で提示できるようになったと思う。この四人による議論から、「多様な子どもの近代」というテーマは具体的なものになった。本書は、この共同研究の成果の一部として企画されたのである。

本書の刊行によって、これまでの研究の蓄積をもとにして、子どもの近代を問い直す新しい子ども研究のありようを具体的に示すことができたと考える。これは本共同研究にとって、大きな成果である。ただし、私たちの共同研究の歩みは、いまだ道半ばでもある。読者諸賢からは、本書に対して助言や批判をぜひとも頂戴したい。

本書の執筆と刊行にあたって、青弓社の矢野未知生氏には様々な面で多くのお力添えをいただいた。コロナ禍で先を見通すことができない厳しい状況のなかで、私たちの企画の話を受け入れて、本書のテーマを汲んですぐれた助言と編集の労をとっていただいた。この場を借りて厚くお礼を申し上げる。

二〇二一年七月　執筆者を代表して

［著者略歴］
元森絵里子（もともり えりこ）
1977年、東京都生まれ
明治学院大学社会学部教授
専攻は歴史社会学、子ども社会学
著書に『「子ども」語りの社会学』『語られない「子ども」の近代』（ともに勁草書房）、共編著に『子どもへの視角』、訳書にアラン・プラウト『これからの子ども社会学』（ともに新曜社）など

高橋靖幸（たかはし やすゆき）
1978年、東京都生まれ
新潟県立大学人間生活学部講師
専攻は教育社会学、子ども社会学
共編著に『子どもへの視角』（新曜社）、共著に『教師のメソドロジー』（北樹出版）、論文に「昭和戦前期の児童虐待問題と「子ども期の享受」」（『教育社会学研究』第102集）など

土屋 敦（つちや あつし）
1977年、神奈川県生まれ
関西大学社会学部教授
専攻は歴史社会学、福祉社会学、子ども社会学
著書に『はじき出された子どもたち』、共編著に『孤児と救済のエポック』（ともに勁草書房）、論文に「「保護されるべき子ども」と親権制限問題の一系譜」（『子ども社会研究』第23号）など

貞包英之（さだかね ひでゆき）
1973年、山口県生まれ
立教大学社会学部教授
専攻は社会学、消費社会論、歴史社会学
著書に『地方都市を考える』（花伝社）、『消費は誘惑する 遊廓・白米・変化朝顔』（青土社）、共著に『自殺の歴史社会学』（青弓社）、『未明からの思考』（ハーベスト社）など

青弓社ライブラリー102

多様《たよう》な子《こ》どもの近代《きんだい》　稼ぐ・貰われる・消費する年少者たち

発行――――2021年8月26日　第1刷
定価――――1600円＋税
著者――――元森絵里子／高橋靖幸／土屋 敦／貞包英之
発行者――矢野恵二
発行所――株式会社青弓社
〒162-0801 東京都新宿区山吹町337
電話 03-3268-0381（代）
http://www.seikyusha.co.jp
印刷所――三松堂
製本所――三松堂

ISBN978-4-7872-3496-4　C0336

上田誠二

「混血児」の戦後史

占領・復興期から現在までの聖ステパノ学園の混血児教育を縦糸に、各時代の混血児の社会的な立場や語られ方を横糸にして、混血児をめぐる排除と包摂の戦後史を活写する。 定価1600円＋税

田中宝紀

海外ルーツの子ども支援

言葉・文化・制度を超えて共生へ

日本の学校で学ぶ海外ルーツの子どものうち、1万人以上が何の支援も受けていない。日本語を母語にしない子どもへの支援活動を続けてきた経験から、現場の実態と提言をまとめる。定価2000円＋税

知念 渉

〈ヤンチャな子ら〉のエスノグラフィー

ヤンキーの生活世界を描き出す

ヤンキーはどのようにして大人になるのか――。高校3年間と中退／卒業以後も交流し、集団の内部の亀裂や地域・学校・家族との軋轢、社会関係を駆使して生き抜く実際の姿を照射。定価2400円＋税

貞包英之／元森絵里子／野上 元

自殺の歴史社会学

「意志」のゆくえ

厭世死、生命保険に関わる死、過労自殺、いじめ自殺の4事例をもとに、20世紀初頭から現在までの自殺と社会をめぐる語りを跡付け、自殺を能弁に語る日本社会の屈曲を明らかにする。定価2000円＋税